Hans Wagner

Heilmittel der Natur

Kirschkernsäckchen & Co.

Das altbewährte Hausmittel, Dinkelkissen und Wickel zur Linderung von Alltagsbeschwerden und Schmerzen

Südwest

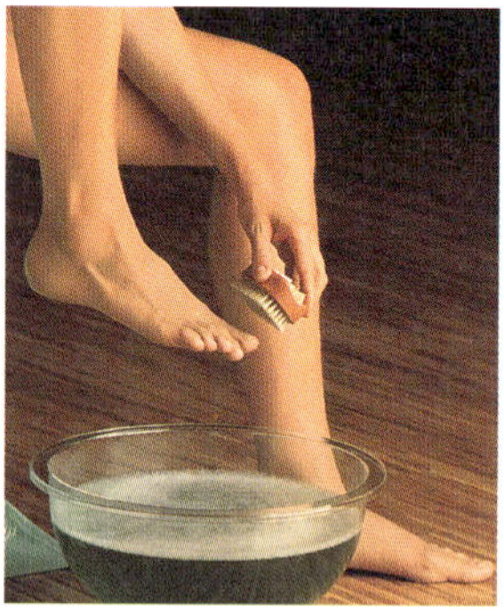

Vor jeder Wickelanwendung sollte man mit Kirschkernsäckchen oder Fußbad für warme Füße sorgen.

Inhalt

Riesige Obstbäume im Schwarzwald liefern die Kirschkerne für viele tausend Kirschkernsäckchen.

Auflagen und Wickel

Die älteste und direkteste aller Therapien ist die Berührung. Mütter legen ihren Kindern die kühlende Hand auf die fiebrig glühende Stirn. Die nächste therapeutische Stufe ist die Auflage, also das Aufbringen von heilenden Substanzen. Das beginnt schon damit, dass wir mit unserem Speichel den blutenden Schnitt am Finger benetzen oder die Spucke auf Insektenstichen verreiben. Noch intensiver wirkt die in allen Kulturen seit Jahrtausenden gebräuchliche Methode, Kräuter oder mit Tinkturen getränkte Tücher zu Heilzwecken auf Wunden und entzündete Stellen zu legen. Im Lauf der Medizingeschichte wurden diese Auflagen variiert und vervollkommnet. Heute benutzen wir Auflagen und Umschläge, die den alten Formen sehr ähnlich sind. Als intensivere Form verwenden wir Wickel und Packungen, in die einzelne Bereiche oder auch der gesamte Körper gehüllt werden.

Die Naturheilmethoden der Haus- und Volksmedizin werden heute wieder entdeckt.

Chancen der Selbstheilung

Auflagen (Kompressen) und Wickel (Packungen) sind die Grundformen vielfältiger Therapien, die stets ganz individuell auf das Bedürfnis eines Erkrankten hin angewendet werden können: heiß, kalt, kühl, warm, feucht, trocken.

Wärme bzw. Kälte wirken zunächst auf die Oberfläche unserer Haut. Aber die Temperaturanwendungen erreichen auch die Organe im Körperinneren, mit denen die behandelte Hautregion in Verbindung steht.

Kompressen eignen sich beispielsweise, um kleinere Verletzungen und Prellungen schnell und ohne großen Aufwand zu behandeln.

Eine Wohltat – einfach und preiswert

Auflagen und Wickel helfen nicht nur dem Körper, sondern auch der Seele. Wie Sie dabei richtig vorgehen, zeigt Ihnen das vorliegende Buch.

Packen Sie Ihre Beschwerden beim Wickel! Bevor Sie sich in ein Wartezimmer setzen, versuchen Sie doch mal eine erste Selbsthilfe, eine direkte Maßnahme mit einer Auflage oder einem Wickel. Sie sparen nicht nur Zeit, sondern auch Geld. Denn für eine Wärme- oder Kälteanwendung, einen Wickel oder eine Auflage brauchen Sie kein ärztliches Rezept, fällt keine Zuzahlung an. Außerdem tut es gut, mal auf sich selbst einzugehen und die Beschwerden sanft zu lindern. Kranke, die nicht nur eine Pille zu schlucken bekommen, sondern mit Wärme und wohltuenden Auflagen behandelt werden, fühlen sich viel stärker umsorgt. Kinder brauchen diese Zuwendung in ganz besonderem Maß. Dass Wickel und Auflagen zudem nebenwirkungsfrei sind, macht sie erst recht sympathisch.

Hier in diesem Ratgeber erfahren Sie alles über die Wirkungen von Wärme, Kälte, den neuen Trend zu Dinkel und Kirschkernen sowie über Wickel und Auflagen. Um jederzeit bei Beschwerden eine erste Selbsthilfe durchführen zu können, braucht man ein bisschen Know-how. Die Technik der Heilung von außen, über die Haut, wird deshalb hier erst einmal eingehend beschrieben. Wenn dann im therapeutischen Teil des Buchs von Auflage oder Wickel die Rede ist, wissen Sie sofort, worum es geht.

Heilende Kissen

Zur Berührungstherapie, zur Anwendung von außen über die Haut, gesellen sich neuerdings noch diverse Unterlagen, die den Körper stützen, entlasten und wieder in Form bringen: Rückenkissen, Kopfkissen, Nackenhörnchen. Sie sind gefüllt mit Dinkelspelz, den schon Hildegard von Bingen ganz besonders gelobt hat. Omas Dinkelkissen ist zu Recht ein Renner: Formbarer als Schaumstoff oder Rosshaar, passt es sich jeder Körperform und jedem Bedürfnis an. Es wird im Backofen oder in der Mikrowelle aufgewärmt, gibt festere Unterlagen als die meisten anderen Füllungen, lässt keine »Löcher« entstehen wie das Daunenkissen und kann in jede Form geschüttelt werden. Bei Gymnastik, Massage, für Schwangere zur Bauchabstützung in Seitenlage – diese Kissen sind vielseitig einzusetzen.

Bei den Wärmeanwendungen ist das Säckchen mit Kirschkernen die große Offenbarung. Es wurde am Kaiserstuhl erfunden, wo die Kirschen so fein sind wie im Piemont. Es macht einfach Spaß, das Säckchen mit den Kernen heiß aus dem Ofen zu holen und auf den Bauch zu legen.

Erste Hilfe, Meditation, Entspannung, Schmerzlinderung, Heilung: Wer das Wissen hat, kann viele angenehme Erlebnisse erwarten. Wichtig ist, dass Sie damit locker umgehen, auch den tiefen Genuss im Gebrauch entdecken. Der Eros der Berührungstherapie wird sich Ihnen erschließen, je länger Sie die wiederentdeckten, altbewährten Methoden anwenden.

Von Größe und Struktur besonders geeignete Baumwolltücher für Auflagen sind Stoffwindeln.

Die Auflage

Sie besteht aus einem Tuch (Baumwolle oder Leinen), das mit Wasser oder einer speziellen Tinktur getränkt wurde oder mit heilenden Zusätzen bestrichen ist. Die Auflage kann kalt oder kühl, heiß oder warm angewandt werden. Das Tuch wird auf die Stelle gelegt, an der es seine heilende Wirkung tun soll, und mit einem zweiten, trockenen Tuch (Wolle) bedeckt. Bei stark nässenden oder klebrigen (Öl, Lehm) Auflagen kann noch ein trockenes Zwischentuch (Baumwolle) eingelegt werden, das die abschließende Wollhülle vor Verunreinigung schützt. Bei Bedarf wird zusätzlich ein heißes oder kaltes Teil aufgelegt (z. B. das Kirschsteinsäckchen). In der Medizinersprache wird die Auflage auch als Kompresse bezeichnet.

Wickel wirken, weil sie eine größere Fläche des Körpers bedecken, meist intensiver als eine Auflage.

Der Wickel

Er besteht ebenfalls aus einem Baumwollinnentuch und einem Außentuch aus Wolle; bei Bedarf wird ein Zwischentuch eingefügt. Im Gegensatz zur bloßen Auflage hüllt er aber den zu behandelnden Körperteil rundum ein: Er wird herumgewickelt. Der bekannteste dürfte der Wadenwickel gegen zu hohes Fieber sein. In speziellen Fällen wird auch der ganze Körper eingewickelt (Ganzkörperwickel). In der Medizin wird der Wickel oft auch als Packung bezeichnet.

Wickel und Auflagen mit heilenden Zusätzen: Achten Sie darauf, dass Sie alle benötigten Zutaten griffbereit haben.

Der Umschlag

Damit kann je nach Anwendung ein Wickel oder eine Auflage gemeint sein. Der Begriff wird hier nur eigens erwähnt, weil er einerseits sehr gebräuchlich ist, andererseits aber nicht präzise wiedergibt, was er eigentlich darstellt. Die berühmten »kalten Umschläge« bei Prellungen oder Kater sind in aller Regel Auflagen. Und wenn von einem Quarkumschlag gegen Halsschmerzen die Rede ist, handelt es sich um einen klassischen Wickel, der den Hals umhüllt.

Das vorliegende Buch beschränkt sich im Folgenden ausschließlich auf die Begriffe »Auflage« und »Wickel«. Auf diese Weise herrscht Klarheit über die Art der Anwendung, so dass keine Missverständnisse aufkommen können.

In der Mikrowelle werden Kirschsteinsäckchen und Dinkelkissen ca. 90 Sekunden lang bei der vollen Leistung von 1200 Watt erhitzt.

Technik und Wirkungsweise

Die Selbstbehandlung mit Auflagen und Wickeln findet immer mehr Beachtung. Die Gründe dafür liegen auf der Hand: Diese natürlichen Anwendungen stellen eine schnelle erste Selbsthilfe dar, und sie steigern das Wohlbefinden. Die Beobachtung, wie man selbst ohne chemische Arzneien Beschwerden zum Abklingen bringen kann, gibt Selbstvertrauen. Außerdem breitet sich bei dieser Selbsthilfe das wohlige Gefühl aus, sich etwas zu gönnen.

Viele der auf den folgenden Seiten beschriebenen Anwendungen können über die Linderung von Beschwerden hinaus das Allgemeinbefinden verbessern, die körpereigene Immunabwehr anregen und stärken sowie die schlechte Stimmung positiv beeinflussen.

Unterschiedliche Wirkung

Auflagen und Wickel regen die Durchblutung an. Grundsätzlich sind Wickel in ihrer Wirkung intensiver als Auflagen, denn die Fläche, die sie bedecken, ist im Allgemeinen um einiges größer. Wenn es aber schnell gehen muss (Insektenstich, Brandblase), ist eine Auflage vorzuziehen, weil sie nicht so viel Zeitaufwand erfordert.

Ob Kälte oder Wärme zur Linderung von Beschwerden günstig ist, muss auch erspürt werden. Es sollten niemals Wickel oder Auflagen angewandt werden, die man als äußerst unangenehm empfindet.

Ob Wärme oder Kälte hilft – oft geht Probieren über Studieren.

Wärme entziehen

Kalte Wickel entziehen zunächst Wärme. Wenn sie aber durch die Körperwärme aufgeheizt werden, können sie nach einiger Zeit auch zur Erwärmung bis hin zu Schweißausbrüchen führen.

Kalte Auflagen eignen sich besonders gut und sind sehr hilfreich bei Herzbeschwerden. Dazu genügt es oft schon, ein mehrfach gefaltetes Baumwolltuch feuchtkalt auf die Brust zu legen, mit einem trockenen Tuch abzudecken und mit einem wollenen Tuch oder einer

Die optimale Vorbereitung für Heißes

- Heiße Wickel in einem temperierten Raum vorbereiten und auflegen.
- Die Wickeltücher im Backofen, mit dem Bügeleisen oder auf der Heizung vorwärmen
- Alle Utensilien bereitlegen, heißes Tuch auswringen und sofort auflegen. Danach gleich abdecken. Heiße Quelle (Kirschsteinsäckchen) obendrauf packen.

Decke abzuschließen (eventuell das abschließende Tuch wegen des besseren Sitzes um den Oberkörper herumlegen).

Kalte Wickel nur bei Wärmegefühl

Bei der Anwendung kalter Wickel ist Voraussetzung, dass der Patient seinen Körper als warm empfindet. Wer schon fröstelt, darf nicht zusätzlich abgekühlt werden. Das gilt vor allem für Ganzkörperwickel.

Legen Sie vor der Anwendung alle benötigten Utensilien bereit, vor allem ausreichend Tücher und Decken.

Richtig auflegen und wickeln

Wichtig ist es, dass bei einem Wickel das innere Tuch faltenfrei aufliegt, damit keine Druckstellen auf und keine Kälte- oder Hitzestauungen unter der Haut erzeugt werden. Für die Befestigung des Außentuchs können Mullbinden oder Klammern verwendet werden, möglicherweise auch Bänder, die man an das Wolltuch näht.
Wickel, vor allem heiße, dürfen nie mit Plastikfolie umwunden werden. Das könnte zu Hitzestaus mit Verbrennungen führen. Wenn die Feuchtigkeit länger erhalten werden soll, eignen sich moderne Gewebe, die wasserdicht sind, aber trotzdem atmen. Denken Sie beim Ausrangieren von Regenkleidung daran, dass Teile davon die ideale Wickelabdeckung sein können.
Soll die kühlende Wirkung eines Wickels oder einer Auflage länger anhalten, etwa bei Prellungen und Verstauchungen, dann empfiehlt es sich, eine »kalte Quelle« draufzupacken (Eisbeutel, eisgekühltes Kirschsteinsäckchen).

Anwendungszeitpunkt und -dauer

Heiße Wickel und Auflagen führen dem Körper Wärme zu. Dadurch erweitern sich die Blutgefäße. Die Wirkung erstreckt sich auch auf innere Organe, aber das braucht

seine Zeit. Deshalb muss ein heißer Wickel, wenn er eine gute Wirkung bringen soll, mindestens eine Viertelstunde heiß bleiben. Die Hitze verflüchtigt sich jedoch rasch, Wasser kühlt schnell aus.
Die Anwendungen sollten nicht unmittelbar vor oder nach einer Mahlzeit stattfinden. Der beste zeitliche Abstand beträgt eine gute Stunde. Bei Leberwickeln und Anwendungen zur Verbesserung der Verdauung sind Ausnahmen erlaubt. Hier wird der Einsatz des Wickels bewusst mit der Mahlzeit gekoppelt.

Auch wenn sie in vielen Fällen sehr hilfreich sein kann: Die Natur- und Volksmedizin macht den Arzt nicht überflüssig.

Den Wickel richtig abnehmen

Nach einer Anwendung, ob Auflage oder Wickel, sollte man nicht einfach zur Tagesordnung übergehen, sondern sich noch ein wenig Ruhe gönnen, mit geschlossenen Augen die Wirkung nachklingen lassen, die Entspannung vertiefen.

Ein Wickel ist immer auch eine Form der Zuwendung. Gehen Sie achtsam mit sich oder der Person, die einen Wickel bekommt, um. Eine Tasse Kräutertee kann zur Entspannung beitragen.

Anwendungen unterstützen

Zusätzlich zu Auflagen und Wickeln kommen einige bewährte Verfahren aus der Haus- und Volksmedizin als sinnvolle Ergänzung infrage.
Ratsam ist es, bei der Selbstmedikation mit Auflagen und Wickeln reichlich zu trinken. Darauf machte schon der berühmte Sebastian Kneipp aufmerksam. Reichliches Trinken von Tee, Fruchtsäften, Mineralwasser, auch Wein in geringen Mengen, führt zu vermehrter Entschlackung durch Ausscheidung und unterstützt dadurch die Anwendungen.
Ganz besonders ist zu beachten: Wenn Beschwerden nicht abklingen, sich eher verschlechtern, müssen Sie zum Arzt gehen. Eine medizinische Diagnose ist dann unerlässlich. Als Faustregel gilt: 24 Stunden lang kann man eine Besserung durch Selbstmedikation zu erreichen suchen, dann muss man den Arzt konsultieren.

Sebastian Kneipp: »Doch soll der Mensch nicht nur seinem Schöpfer flehen um Gesundheit und ein langes Leben. Sondern er soll auch seinen eigenen Geist gebrauchen, um die Schätze zu finden, welche der allgütige Vater in die Natur gelegt hat als Heilmittel für die vielfachen Übel des Lebens.«

Heilsame Atmosphäre

Haben Sie bei Ihrem Arzt schon mal eine Inhalationssitzung absolviert oder eine Reizstromtherapie erhalten? Dann kennen Sie den alltäglichen Charme des Medizinbetriebs: Kunststoffpritsche, Papierunterlage, kalte Apparate, miefige Wartezimmer, Hektik und kaum Platz für die Anwendungen. Da haben Sie zu Hause viel bessere Möglichkeiten. Nehmen Sie sich also Zeit, genießen Sie schon die Vorbereitung, die Kräuterdüfte, die Wärme der Tücher, die Sanftheit der Öle. Hören Sie entspannende Musik, während Sie sich auf Ihren Körper konzentrieren. Diese Aufmerksamkeit, die Sie sich selbst schenken, trägt sehr viel zur Genesung bei. Unsere Psyche, die Seele, die Emotion, die Wahrnehmung seiner selbst sind äußerst wichtige Heilfaktoren.

Warm oder kalt?

Wenn Oma ein Säckchen voller Kirschkerne mit ins Bett nimmt, das sie vorher im Backofen aufgeheizt hat, wird sie manchmal belächelt. Auch der Eisbeutel auf der Stirn, der dem gestrauchelten Mann gegen den Kater oder eine Beule helfen soll, ist oft Gegenstand milden Spotts. Doch die Witzeleien über vermeintlich alte Zöpfe kommen langsam aus der Mode. Wärme und Kälte werden von immer mehr Menschen wieder als starke Basiskräfte der Natur erkannt, die eine enorme Wirkung auf unsere Gesundheit ausüben.

Wie der Körper reagiert

Kälte- und Wärmeanwendungen üben Reize auf den Körper aus. Man könnte auch sagen, es sind Störungen, die seine Abwehrkräfte mobilisieren.

Man muss sich nur einmal vergegenwärtigen, dass unser Organismus im Hochsommer bei drückender Hitze und im Winter bei klirrendem Frost in der Lage ist, dennoch seine individuelle Eigentemperatur zu halten. Wird nun plötzlich eine 90 °C heiße Sauna betreten oder der Körper mit einem kalten Guss oder einer Eisauflage behandelt, muss er reagieren. Durch die Mobilisierung der Gegenkräfte wie z. B. Gefäßerweiterung, Gefäßzusammenziehung, Gänsehaut, Muskelerschlaffung, Schwitzen usw. versucht er, mit seinen natürlichen Mitteln die Funktion von Organen und Nervenbahnen wieder richtig zu regulieren. Die Thermotherapie mit Wärme und Kälte ist deshalb auch eine sehr wirksame Regulationstherapie.

Der Reiz von Wärme oder Kälte regt den Körper zur Selbsthilfe an.

Auch in zahlreichen Kosmetiksalons haben naturheilkundliche Anwendungen inzwischen einen festen Platz.

Erfahrungen machen

Ob Wärme oder Kälte hilft, ist letzten Endes auch Erfahrungssache. Schmerzen beispielsweise abgenutzte Gelenke, die weder heiß noch gerötet sind, dann werden heiße Wickel als wohltuend empfunden. Wenn sich die schmerzenden Gelenke hingegen heiß anfühlen, vielleicht auch gerötet sind, dann können Entzündungsfolgen vorliegen. In diesen Fällen sind ausschließlich kalte Wickel angebracht.

Individuelle Reaktionen

Jeder Mensch reagiert zudem individuell auf Wärme und Kälte. Auch der allgemeine Gesundheitszustand spielt eine große Rolle. Bei Erschöpfung oder Fieber ist die Reaktion anders als bei Bauchkrämpfen oder Muskelverspannung. Kinder und alte Menschen empfinden Wärme und Kälte anders als Erwachsene im mittleren Alter.

Heiße Wickel sollten in einem gut temperierten Raum vorbereitet und aufgelegt werden.

Wie Wärme wirkt

Wärme erweitert die Blutgefäße und fördert dadurch die Durchblutung, und zwar bis in die tiefer liegenden Organe hinein, wenn sie lange und intensiv genug wirken kann. Die Anwendungen sollten allerdings nicht übertrieben, sondern immer als wohltuend empfunden werden.

Wärme wird von alters her bei chronischen Schmerzen (Gliederreißen), bei Muskelverspannungen und Nervenproblemen (Ischiasleiden) angewandt, auch bei lokalen Entzündungsherden, die zur Reife gebracht werden sollen (Furunkel). Bei Gelenksteife, Rückenschmerzen und bei Nasennebenhöhlenentzündungen wird ebenfalls mit wärmenden Auflagen und Wickeln gearbeitet. Bei Ohrenschmerzen und verschiedenen Neuralgien im Bereich des Gesichts bzw. des Kopfs werden weniger heiße Auflagen besser vertragen. Hier genügen meist mäßig temperierte Anwendungen.

Das Beifußkraut, auch in unserer Volksmedizin schon lange bekannt, hilft vor allem bei Magenbeschwerden, Leberleiden und Gicht.

Traditionelle Wärmeanwendungen

In der chinesischen Medizin gibt es eine spezielle Wärmebehandlung, die eine jahrtausendealte Tradition hat: die Moxibustion. Diese Methode unterstützt die Akupunktur, wird aber auch separat angewandt. Dabei werden als Moxen bezeichnete kleine Büschelchen von Beifußpollen, Beifußblättern oder ölgetränktem Binsenmark auf der Haut befestigt (beispielsweise mit Speichel) und abgebrannt.
Als Stellen für die Anbringung der Moxen wählt man meist die Akupunkturpunkte. Die leichte Versengung der Haut soll als Umstimmungstherapie wirken, die das Immunsystem anregt. Moxibation wird vor allem bei

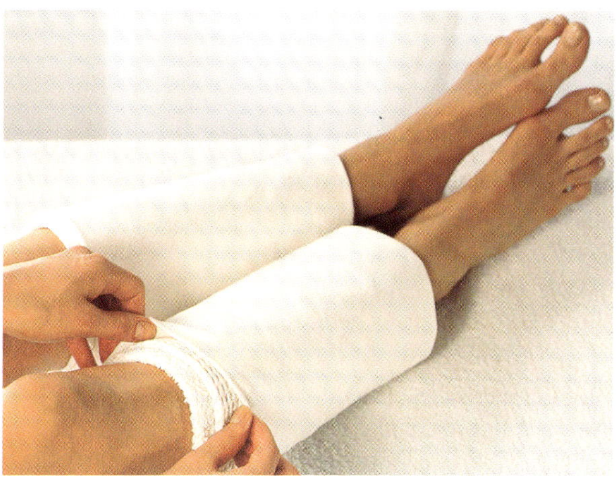

Wadenwickel – jeder kennt sie, aber kaum jemand weiß, wie sie richtig angelegt werden.

Erschöpfungszuständen, Kreislaufstörungen und auch in allen anderen Anwendungsbereichen der Akupunktur eingesetzt.

Moderne Medizintechnik

In der Rheumatherapie werden Hochfrequenzströme zur Tiefenerwärmung des Körpers eingesetzt. Auch bei Muskel- und Gelenkschmerzen, Nervenentzündungen, Schmerzen innerer Organe (Eierstöcke, Nieren) wird diese so genannte Diathermie angewandt. Heilpraktiker empfehlen die Sauna mit ihrer trockenen, heißen Luft. In der Tumorbekämpfung spielen nicht nur Kälteanwendungen eine Rolle, sondern auch der gezielte Wärmeeinsatz. Mit Hilfe dieser Hyperthermie wird z. B. wucherndes Prostatagewebe abgeschmolzen. Dazu führt man einen Katheter an die Geschwulst heran, der auf eine Temperatur jenseits der Höchstfiebergrenze (42 °C) erwärmt wird. Ab 43 °C sterben bereits die ersten Krebszellen ab. Die Temperatur kann auf bis zu 80 °C hochgefahren werden.

An rheumatischen Beschwerden leiden etwa dreimal mehr Frauen als Männer – auch hier spielen psychische Faktoren eine wichtige Rolle.

Wie Kälte wirkt

Kälte führt dazu, dass die Blutgefäße sich zusammenziehen, wodurch die Haut und die darunter liegenden Körperregionen unempfindlicher gegen Schmerzen werden. Auch hier gilt als Richtlinie für die Anwendung, dass sie als angenehm empfunden werden sollte.

Wann Kälte anwenden?

Bei Schmerzen und Entzündungen in einem akuten Stadium kann die Behandlung mit Kälte helfen. Sie lindert die Schmerzen und hemmt die Ausbreitung der Entzündung. Kalte Auflagen sind angezeigt bei akuten Gelenkschmerzen, Verstauchungen, Prellungen, Verrenkungen, bei Halsweh, Verbrennungen, Insektenstichen und Kopfschmerzen.

Bei Schulterentzündungen legen erfahrene Hausärzte Eisbeutel auf. Auch das Kirschsteinsäckchen eignet sich zur Kältebehandlung: Einfach eine halbe Stunde lang in die Gefriertruhe legen, anschließend auf die entzündete Schulter packen und mit einem Tuch vor der Umgebungswärme schützen (siehe Seite 101ff.).

Auch bei Arthroseschüben können eiskalte Auflagen Linderung bringen. Juckreiz kann durch Kälte ausgeschaltet werden: Die niedrige Temperatur zieht die Blutgefäße der Haut zusammen und lässt die lästigen Beschwerden abklingen. Wenn eine Mücke (Schnake) gestochen hat, hilft ebenfalls Kälte. Allerdings müssen kaltes Wasser oder Eiswürfel sofort nach dem Stich für mindestens 20 Minuten angewandt werden. Auch Verstauchungen sollten sofort und mindestens eine halbe Stunde lang mit Kälte behandelt werden.

Kälte darf nicht angewendet werden bei Entzündungen der Nasennebenhöhlen, des Ohrs (Mittelohr) und des Nierenbeckens. In diesen Fällen sind nur Wärmeanwendungen geeignet.

Moderne Kälteanwendungen

Die Hightechmedizin setzt heute extreme Kälte bis –195 °C bei Tumoroperationen ein (Kryochirurgie). Auch zur Schmerzbekämpfung bei rheumatischen Erkrankungen bedient man sich tiefer Temperaturen: In der Kältekammer werden bei –110 °C die oft unerträglichen Schmerzen gestoppt; täglich wenige Minuten in der Kälte können stundenlang beschwerdefrei machen. Wenn die Behandlung in der Kältekammer über längere Zeit konsequent fortgesetzt wird, kann es zu einer monatelangen oder auch andauernden Schmerzfreiheit kommen. Diese Therapie wird ergänzt durch über den Tag verteilte Kältepackungen (Eis).

Der Kirschkern – Stein der Weisen

Rund um den Kaiserstuhl nordwestlich von Freiburg im Breisgau blühen Jahr für Jahr Millionen von Kirschbäumen. Wenn die Kirschenernte vorüber ist, bleiben irgendwann Milliarden und Abermilliarden von Kirschkernen übrig: in den Obstsaftbetrieben, die den Kirschsaft herstellen, in den Konfitürefabriken, bei der Konservenindustrie und bei den Fruchtjoghurtherstellern.
Diese Kirschkerne, entsprechend verarbeitet, bilden die einfach zu handhabende Basis für überraschend vielfältige Thermotherapien.

Das Kirschsteinsäckchen kann im Backofen auf maximal 160 °C erhitzt oder im Gefrierfach nach Bedarf gekühlt werden.

Omas Kirschsteinsäckchen

Der Inhaber eines Naturwarenvertriebs in St. Blasien im Schwarzwald erinnerte sich eines Tages daran, dass seine Großmutter früher die Kirschsteine vom eigenen Baum gründlich gesäubert und in kleine Säckchen eingenäht hatte. Im Winter, wenn die Gelenke wehtaten, wurden die Säckchen im Ofen erwärmt und dann auf die schmerzenden Stellen gepackt.

Faszinierend, wenn im Lauf eines Sommers aus weißen Blüten rote Früchte werden und schließlich mit den Kernen hervorragendes Speichermaterial für wärmende Kirschkernsäckchen übrig bleibt.

Wiederentdeckung eines Naturheilmittels

Der Geschäftsmann griff diesen Brauch wieder auf und bietet seither die in dunkelroten Stoff eingenähten Überbleibsel der Kirschensaison unter dem Namen »Oma's Kirschsteinsäckchen« für Heilzwecke an. Das kleine rote Säckchen ist als Kältekompresse genauso gut einsetzbar wie als trockene Wärmflasche. Wenn

Auflagen oder Wickel ihre Temperatur möglichst lange halten sollen, legt man das kalte oder heiße Säckchen obendrauf und erhält auf diese Weise viel länger ihre Kälte oder Hitze.

Gut zu handhaben

Bei einer Ofentemperatur von etwa 120 °C ist das erhitzte Säckchen noch angenehm handverträglich. Nur ganz Empfindliche wickeln bei dieser Temperatur ein Tuch herum. Bei 160 °C darf das Kirschsteinsäckchen nicht mehr auf die bloße Haut gelegt werden. Die Hitze, die es abstrahlt, durchdringt mühelos die Kleidung, Tücher und Wickel.

Nach Sommer duftende Kirschsteinsäckchen schmiegen sich, auch dem Gesicht, viel besser an als z. B. eine Gummiwärmflasche.

Zur Massage geeignet

Mit heißen Kirschsteinsäckchen kann man auch sehr wirkungsvoll massieren: beispielsweise den Bauch, wenn Verdauungsprobleme drücken und Schmerzen verursachen. Durch die Beweglichkeit der kleinen Kerne ist es möglich, das Säckchen zu walken, zu rubbeln, zu drücken und zu kneten. Das erzeugt dann zusammen mit der Hitze ein sehr angenehmes Gefühl. Die Massagefläche der Hand wird vervielfacht und die Intensität der Massage ebenfalls. Durch Druck und Wärmeabstrahlung können auch die im Bauchraum liegenden Organe beeinflusst werden. Dies gelingt besonders gut, wenn man das Säckchen im Bett unter sich legt. Die Bauchorgane gelangen auf diese Weise in unmittelbare Nähe zu der Wärmequelle.

Kirschkerne sind um zwei Drittel leichter als Wasser. Dadurch ist es auch möglich, sich das heiße Säckchen unters Hemd zu stopfen, sogar während man arbeitet. Durch das vergleichsweise geringe Eigengewicht bleibt es an Ort und Stelle und rutscht nicht nach unten.

Speicher für Wärme und Kälte

Doch nicht nur das geringe Gewicht ist es, das Kirschkerne zu einer idealen Wärmequelle für Körperauflagen macht. Auch ihre Beschaffenheit trägt dazu bei. Das Material, aus dem die Kerne bestehen, ist Holz. Man spricht zwar bei Kirschen von Steinfrüchten und nennt die Zellen, aus denen Kirschkerne bestehen, Steinzellen. Aber diese vermeintlichen Steine sind nicht aus Mineralien aufgebaut, sondern aus Zellulose. Die Schale des Kirschkerns ist vergleichbar mit Hartholz, etwa Buche und Eiche.

Holz und Luft

Holz hat eine deutlich geringere Wärmeleitfähigkeit als Wasser. Es braucht länger, bis es heiß ist, und es kühlt langsamer ab. Dazu kommt beim Kirschkern, dass er ein Hohlkörper ist, der Luft enthält. Auch zwischen den einzelnen Kernen im Kirschsteinsäckchen befindet sich Luft.

Luft hat ebenfalls eine geringe Wärmeleitung und trägt deshalb zu diesem Effekt des langsamen Erwärmens und der ebenso langsamen Wärmeabgabe bei: Jeder einzelne Kern und seine Umgebung ist ein eigener kleiner Wärmespeicher.

Die rundlich-ovale Form der hölzernen Kirschkerne verstärkt den Effekt der Speicherung.

Gute Wärmespeicher

Wenn das Kirschsteinsäckchen im Backofen heiß gemacht wird, nehmen die Kerne die Wärme auf und geben sie später langsam wieder ab. Die innersten Kerne im Säckchen geben ihre Energie an Nachbarn ab, diese wiederum an die nächstliegenden und so weiter. Auf diese Weise gelangt die Wärme nach außen und trifft schließlich dort auf, wo sie gebraucht wird. Ein auf

150 bis 160 °C erwärmtes Kirschsteinsäckchen gibt auch nach über 40 Minuten noch eine angenehme, wohlige Wärme ab.

Gesunde Kühle

Als Kühlkompresse ist das Kirschsteinsäckchen ebenfalls sehr ausdauernd. Es bleibt lange kühl, weil die Wärme des Körpers oder der Umgebung viel Zeit braucht, um von einem Kern zum nächsten bis ins Innere des Säckchens vorzudringen. Auch eine Dreiviertelstunde nach der Entnahme aus dem Tiefkühlfach (–20 °C) gibt es seine angenehm trockene Kälte ab. Es kann ohne Überzug oder Wickeltuch direkt auf die Haut gelegt werden und fühlt sich viel wohliger an als nässendes Eis.

Kirschsteinsäckchen eignen sich besonders gut als Kältekompressen bei Sportverletzungen, etwa Prellungen, Verstauchungen und Entzündungen.

Die Kirschsteinsäckchen sind als 20 mal 20 Zentimeter große, ca. fünf Zentimeter hohe Kissen im Handel erhältlich. Seltener findet man sie auch als Nackenhörnchen, die bei Halsproblemen ganz hervorragend geeignet sind.

Zur Schönheitspflege

Das Naturprodukt Kirschkern in der Kombination mit Stoff und Wärme gewährt Behaglichkeit. Es entsteht keine statische Aufladung, nirgends ist Plastik oder Gummi im Spiel. Die Kirschsteinsäckchen eignen sich deshalb auch für Gesichtskompressen, zur Entspannung und Schönheitspflege: Wärme verbessert die Durchblutung und verschönert den Teint.

Hilfe gegen kalte Füße

Wer oft kalte Füße hat, sollte stets ein separates Säckchen zur Abhilfe parat haben. Dabei tut nicht nur die Wärme gut, wenn man die Füße auf das aufgeheizte

Kirschsteinsäckchen stellt. Positiv wirken auch die massierende Oberfläche, die kleinen Unebenheiten der Steine, die Nachgiebigkeit der Kerne – man bewegt unwillkürlich die Zehen, um sie zu greifen. Für die Hände gibt es spezielle kleine Greifsäckchen, die in die Faust passen und schnell warm gemacht sind. Sie eignen sich z. B. auch für Akupressur im Gesicht, sind außerdem gut zum Abreagieren, zur Ableitung von Unruhe, für die Meditation.

Kinderfreundliche Kerne

Kinder kennen überhaupt kein Halten, wenn ihre Hände oder Füße Kirschkerne berühren. Sie greifen sofort mit Zehen und Händen danach. Kirschkerne sind deshalb auch schon für spezielle Therapien mit Kindern entdeckt und eingesetzt worden.

Kirschkerne laden zum Anfassen geradezu ein – ein Grund mehr, warum sie als Therapeutikum immer beliebter werden.

In verschiedenen Kindergärten lassen die Betreuerinnen ihre Schützlinge über ein bis zwei Meter lange, mit Kirschkernen gefüllte Matten laufen. Diese natürliche und spielerisch eingesetzte Fußreflexzonenmassage (siehe Seite 90f.) bereitet den Kindern einen Heidenspaß. Sie dient dazu, Aggressionen abzubauen, den Spiel- und Bewegungsdrang zu befriedigen und Gemeinschaftserlebnisse zu ermöglichen.

Halb Spielzeug, halb Heilmittel

Kirschkerne haben nichts Medizinisches an sich, sie erinnern ganz und gar nicht an Arzt, Krankenhaus oder Behandlung. Kirschkerne sind kullerig, rascheln und rieseln heimelig im Säckchen. Kirschsteine, wie der Volksmund die Kerne nennt, dienen schon viele Jahrhunderte zu weit mehr als zum Weitspucken. Sie sind so etwas wie die Steinchen der Weisen in einer uralten Volksmedizin.

Das Dinkelkissen

Unsere Großmütter wussten noch, dass man bei Schmerzzuständen Federbetten meiden soll. »Federn ziehen«, sagte Oma und brachte ein seltsam raschelndes Kissen daher. Wer beispielsweise von Zahnschmerzen geplagt wurde, sollte darauf seinen Kopf betten und nicht auf ein mit Federn und Daunen gefülltes Kissen. Das galt auch bei Kopf- und Ohrenschmerzen. Oma brachte ein Dinkelkissen.

Vielseitige Verwendbarkeit

Was da so raschelte in Omas Spezialkissen, war ausgedroschener Dinkel, also die Strohteile, die zuvor die Körner umhüllt hatten. Man nennt diese Umhüllungen bei Getreide Spelzen. Beim Dinkel sind die Spelzen derart ausgeprägt und mit den Körnern verwachsen, dass man diese Getreideart selbst als Spelz oder Spelt bezeichnet. Nach dem Dreschen müssen die Dinkelkörner noch entspelzt werden, und die dabei abfallenden Spelzen sind es, die sich im Dinkelkissen befinden.

Dinkel war jahrhundertelang das wichtigste Brotgetreide der Alemannen und Schwaben.

Altes Kulturgetreide

Dinkel oder Spelz (lateinisch Triticum spelta), auch bekannt unter dem Namen »Vesen« oder »Schwabenkorn«, ist eine seit grauer Vorzeit bekannte Getreideart. Sie ähnelt dem Weizen, ist aber nicht der Vorläufer unseres Kulturweizens, der vom Einkorn abstammt. Aus den Körnern des Dinkels gewinnt man ein gelbliches Mehl. Die Pflanze ist anspruchslos und winterhart, kann also auch in sehr rauen Lagen angebaut werden, wo

Der winterharte, anspruchslose Dinkel wächst auch noch in kargen Bergregionen.

Weizen nicht mehr gedeiht. Sogar dann, wenn sie einmal nicht ausreifen, sind die Dinkelkörner nicht für die Ernährung verloren. Man erntet sie als »Grünkern« und räuchert (darrt) sie. Daraus entsteht die schmackhafte Grünkernsuppe und eine Reihe weiterer Gerichte. Angebaut wird Dinkel bereits seit der Jungsteinzeit; er ist in ganz Mittel- und Südeuropa verbreitet.

Die fränkische Stadt Dinkelsbühl hat drei Dinkelähren in ihrem Wappen: Seit eh und je wurde in dieser Region Dinkel angebaut.

Hildegards Lieblingskorn

Die heilig gesprochene Äbtissin Hildegard von Bingen (1098–1179) hat mit ihren Schriften zu Lebensführung, Lebensstil sowie der Heilwirkung von Kräutern und Essenzen eine Art eigener Medizin begründet: die Hildegard-Heilkunde.
Über den Dinkel schreibt sie, er sei »das beste Korn«, nämlich »warm, fett, kraftvoll und lieblicher denn alle anderen Getreide. Es macht seinem Esser rechtes Fleisch und rechtes Blut, frohen Sinn und freudig menschliches Denken. Wie immer gegessen, ob als Brot oder sonst wie verkocht, Spelt ist gut und lind.«
In der modernen Vollwerternährung hat Dinkel als Getreide Karriere gemacht. Dinkel gilt als ausgleichend, im Gegensatz etwa zum Hafer, dem eine anregende Wirkung zugesprochen wird, und zur Gerste, die eher dämpfend wirkt.

Liegen und Schlafen auf Dinkel

Der ausgleichende Charakter offenbarte sich der heiligen Hildegard auch im Dinkelstroh bzw. in den Dinkelspelzen, die schon damals als Schlafunterlage dienten und gepriesen wurden. Sie haben also schon seit langem eine große Bedeutung in der natürlichen Schlaftherapie. Dinkelspelzen sind die ideale Füllung für Kissen und Matratzen. Ein Dinkelkissen ist locker, luftdurchlässig und durch die Rieseleigenschaften der Spelzen auch sehr leicht formbar. Es passt sich jeder Körperform so gut an, dass es in dieser Hinsicht anderen Materialien wie Rosshaar, Seegras, Wolle oder Schaumstoff überlegen ist.

Dabei gibt das Dinkelkissen einen festen Halt, es entstehen keine Löcher, wie im Daunenkissen, wo der Kopf manchmal nur noch auf dem Stoff liegt. Dinkelkissen können in jede Form geschüttelt werden und unterstützen so zuträgliche Körperhaltungen im Liegen, Sitzen und sogar bei der Liebe. Auch für die Gymnastik und Massage, bei Rückenproblemen und in der Schwangerschaft (Bauchstütze) haben sie sich bewährt.

Nackenhörnchen mit Dinkelfüllung lindern Verspannungen und Schmerzen im Nackenbereich.

Für Leib und Seele

Dinkelkissen nehmen Körperwärme und Feuchtigkeit auf und geben sie gleichmäßig wieder ab. Ihre Wärmeleitfähigkeit ist gering, d. h., sie halten ziemlich konstan-

Hildegard von Bingen war eine große Anhängerin des Dinkels. Sie propagierte vor allem die ausgleichenden Aspekte einer Ernährung mit Dinkel.

te Temperaturen. Man spürt die überaus wohltuende Wirkung sofort, wenn man auf einem Dinkelkissen liegt: Es ist weder kühl noch heiß. Auch bei erhöhten Körpertemperaturen oder bei Sommerhitze entsteht kein Wärmestau.

Zusätzliche Aromatherapie

Auch Dinkelmatratzen sind über den Reformhaushandel oder den Naturwarenversand erhältlich.

Die schlaffördernden Eigenschaften des Kissens können noch verstärkt werden, wenn man ein paar Tropfen eines beruhigenden ätherischen Öls darauf träufelt, beispielsweise Rosen- oder Lavendelöl. Durch die Körperwärme wird das Öl ganz allmählich verflüchtigt, es beruhigt und erhöht die Schlafbereitschaft. Im Handel ist auch schon ein Dinkelkissen in Schlummermondform erhältlich, dem zusätzlich Lavendelblüten beigemengt sind.

Wer schon einmal bei der Getreideernte zugesehen hat, wird sich vielleicht fragen, ob Dinkelkissen wirklich sauber sind. Da gibt es natürlich Qualitätsunterschiede. Zu empfehlen sind nur solche, die mehrfach entstaubt wurden. Fragen Sie vor dem Kauf im Reformhaus ganz gezielt nach diesem Qualitätsmerkmal.

Und noch einen Vorteil haben Dinkelkissen: Sie lassen sich im Ofen problemlos für kurze Zeit auf 100 bis 150 °C erhitzen. Nach Auskunft des Deutschen Allergiker-Bundes sterben bei diesen Temperaturen Hausstaubmilben ab.

Schützende Effekte

In letzter Zeit haben auch Strahlenforscher mit Dinkelkissen und -matratzen experimentiert. Dabei soll sich herausgestellt haben, dass Dinkelunterlagen vor Erdstrahlen schützen. In früheren Zeiten wurden die Matratzen von Kinderbettchen mit Dinkelspelzen gefüllt.

Die Kleinen sollten dadurch vor Verkrümmungen des Knochenbaus geschützt werden, eben weil die Dinkelunterlage sich der Körperform optimal anpasst.

Hochwertige Inhaltsstoffe

Die wohltuende Wirkung der Dinkelkissen wird ergänzt durch die Verwendung von Dinkel in der täglichen Ernährung. Längst sind in den Bäckereien Dinkelbrötchen zu kaufen. Im Reformhaus finden Sie Dinkelkaffee, Dinkelnudeln und Dinkelsuppen.

Dinkel ist Nervennahrung, verbessert die Stimmung, reinigt das Blut und fördert die Verdauung. Er enthält, wie erst kürzlich entdeckt wurde, den Stoff Thiozyanat. Dabei handelt sich um eine körpereigene Substanz, die im Abwehrsystem eine sehr wichtige Rolle spielt. Thiozyanat stimuliert das Immunsystem und verstärkt die Infektabwehr des Körpers. Außerdem fördert es die Produktion von neuen, Blut bildenden Zellen und von Keimzellen.

Dinkelprodukte spielen in der gesundheitsbewussten Ernährung eine immer größere Rolle.

Wohlschmeckende Arznei

Bei Magen- und Darmerkrankungen (oder zur Vorbeugung) ist eine Ernährung mit Dinkelprodukten besonders anzuraten. Die komplexen Kohlenhydrate des Dinkels, seine Pflanzenfasern, Ballaststoffe, hochwertigen Eiweiße, die Vitamine und Mineralstoffe, die er enthält, kommen der Gesundheit in jeder Hinsicht zugute. Viele Ernährungsfachleute und Ärzte der Naturheilkunde empfehlen, dreimal täglich Dinkel in beliebiger Form zu sich zu nehmen. Wer einmal damit angefangen hat, wird wahrscheinlich auch dabei bleiben. Denn Dinkel ist schließlich keine bittere Arznei, sondern bei all seinen gesundheitlichen Vorteilen auch noch äußerst wohlschmeckend.

Natürlich heilen mit Auflagen und Wickeln

Unter den Rezepturen der Volksmedizin und der Naturheilverfahren gehören Auflagen und Wickel zu den bewährtesten, weil sie einfach anzuwenden sind und häufig rasche, manchmal sogar überraschende Heilerfolge erzielen, zumindest zur Linderung von Beschwerden beitragen können. Zur Selbstbehandlung sind sie auch deshalb besonders gut geeignet, weil sie den jeweils individuellen Bedürfnissen angepasst werden können und mit Nebenwirkungen nicht zu rechnen ist – vorausgesetzt natürlich, dass die Diagnose richtig gestellt ist und die Anwendung den erprobten Regeln folgt. In Zweifelsfällen ist eine medizinische Untersuchung nötig, vor allem dann, wenn die Beschwerden länger anhalten oder sich gar verschlimmern.

Sprechen Sie die Anwendung von Auflagen und Wickeln gegebenenfalls mit Ihrem Arzt ab. Sie kann auch begleitend zu einer ärztlichen Therapie praktiziert werden.

Atemwegsbeschwerden

Es muss nicht immer eine Erkältung sein, die das Atmen erschwert. Auch Verspannungen, Verkrampfungen, Angst, Depressionen, Schockzustände und Stress legen sich auf die Brust und drücken auf die Atmung. Hoher Blutdruck kann zu Atemnot führen, bei niedrigem Blutdruck kommt es gelegentlich zu Erstickungsgefühlen, weil der Patient nicht mehr in der Lage ist, richtig durchzuatmen. Bei Asthma wird die Atmung anfallartig behindert. Auch bei Herzschwäche kann die Atmung beeinträchtigt sein: Häufig ist sie zu schnell, und es kommt schon bei leichten körperlichen Belastungen zu

Gerade in der nasskalten Jahreszeit mit ihren vielen Infekten ist das Wissen um bewährte Hausmittel nicht zu unterschätzen.

Atemnot. Viele dieser Beschwerden können durch eine Auflage oder einen Wickel gelindert werden – sogar bei Asthma können diese natürlichen Anwendungen hilfreich sein.

Atemwegsverkrampfungen

Kirschkernkissen

▶ Das Kissen auf 120 °C aufheizen und zusammen mit einem in heißem Wasser getränkten Tuch auf den Brustkorb auflegen. Man sollte das Tuch nicht zu klein und die Einwirkungszeit nicht zu knapp bemessen.

Die Gesamtfläche der 300 Millionen Lungenbläschen, die jeden Erwachsenen mit Sauerstoff versorgen, entspricht etwa der Größe eines Fußballplatzes.

Brustauflage mit Thymian

Thymian wärmt und kann entzündliche Prozesse günstig beeinflussen. Er hat eine entspannende und krampflösende Wirkung. Sein ätherisches Öl gelangt über die Haut und mit dem Atem in die oberen Luftwege.

▶ 3 Teelöffel Thymiankraut mit 3/4 Liter kochendem Wasser übergießen und zugedeckt 5 Minuten ziehen lassen. Am besten bleibt der Sud dabei auf der heißen Platte stehen, er darf aber nicht weiterkochen.

▶ Den fertigen Tee über einem mehrfach gefalteten Baumwolltuch abgießen, das von seinen Maßen her den Brustkorb bedecken kann. Am besten so: Ein Handtuch ins zugestöpselte Waschbecken breiten, das Baumwolltuch darüber legen, den Teesud darauf schütten. Die Baumwollauflage mit dem Handtuch herausheben und im Handtuch auswringen. Das Handtuch beiseite legen.

▶ Jetzt das heiße Tuch rasch in ein trockenes Baumwolltuch einschlagen, auf die Brust legen, ein Wolltuch darüber breiten. Obendrauf ein heißes Kirschsteinsäckchen (120 bis 160 °C) legen. Mindestens 15 Minuten einwirken lassen, dabei tief und gleichmäßig atmen.

Senfauflage

▶ Dazu braucht man so genanntes schwarzes Senfmehl aus der Apotheke und zwei Tücher. Auf das erste Tuch, das in der Größe des Brustraums mehrfach gefaltet sein kann, wird das Senfmehl etwa 2 Millimeter dick aufgetragen (einen Rand von 3 bis 5 Zentimeter frei lassen). Dann schiebt man das Tuch von links und rechts zusammen wie eine Ziehharmonika.

▶ Zum Schutz werden die Brustwarzen, eventuell auch die Achselhöhlen mit Vaseline bestrichen und mit einem Papiertaschentuch abgedeckt.

▶ Danach die zusammengeschobene Auflage in einer Schüssel vorsichtig mit heißem Wasser übergießen (bis etwa 55 °C). Die Auflage ausdrücken und auf ein trockenes, nicht gefaltetes Baumwolltuch legen.

▶ Auflage und Baumwolltuch auf die Brust breiten. Den überstehenden Stoff des Untertuchs auf die Senfauflage klappen. Warm zudecken. Bereits nach etwa 5 Minuten kann eine sehr starke Rötung der Haut auftreten. Sollte der Reiz zu stark werden, die Auflage abnehmen. Ansonsten kann sie 10 bis 15 Minuten lang liegen bleiben.

Vorsicht: Das flüchtige Senföl kann Nase und Augen reizen, daher eventuell ein feuchtes Tuch über das Gesicht legen, Kopf auf die Seite drehen, Augen schließen. Senfauflagen brennen, sie dürfen nur bei gesunder Haut angelegt werden.

Wenn es schnell gehen soll

- **Variante 1:** 300 Gramm Senfmehl in warmem Wasser anrühren, den Brei auf ein Tuch streichen, mit der senffreien Seite nach unten auf die Brust legen und ein großes Handtuch darüber breiten.
- **Variante 2:** 20 Gramm Senfmehl in gut 1 Liter warmes Wasser einrühren, Mulltuch hineintauchen, ausdrücken, auf die Brust legen und mit einem großen Handtuch abdecken.

Asthma bronchiale

Unter den Atemwegserkrankungen ist Asthma zu einer regelrechten Volkskrankheit geworden. Menschen, die darunter leiden, gehören auf jeden Fall in ärztliche Behandlung. Zur Unterstützung bietet die Volksmedizin eine Reihe von Hilfen an, die mit dem Arzt abgesprochen werden sollten.

Bei 90 Prozent aller Asthmakranken unter 40 Jahren ist die Ursache eine Allergie.

Dinkelkissen

4 Dinkelkissen auf etwa 40 °C anwärmen. Arme und Beine darauf legen.

Heublumensäckchen

Das in Apotheken erhältliche Säckchen mildert Asthmaanfälle. Über Wasserdampf 30 Minuten lang erhitzen, dann auf den Rücken legen und mit einem Wolltuch abdecken.

Senfauflage

Die Rezeptur finden Sie auf Seite 35.

Was sonst noch hilft

▶ **Arm- und Fußbäder:** Wenn ein Anfall kommt, die Arme oder die Füße in etwa 40 °C warmes Wasser halten. Nach 10 Minuten kurz kalt abspülen.

▶ **Inhalieren mit ätherischen Ölen:** Je 1 Tropfen Eukalyptus-, Pfefferminz-, Salbei- und Teebaumöl in 1 Liter heißes Wasser geben, den Kopf über den Topf beugen und mit einem Tuch abdecken. 10 Minuten inhalieren.

▶ **Kräutertees:** 2 Esslöffel Huflattichblätter mit 1/2 Liter Wasser aufbrühen, 6 Minuten ziehen lassen, täglich 2 bis 3 Tassen trinken. Als Variante empfehlenswert ist auch: Lavendelblüten, Pestwurz, Thymiankraut, Huflattichblätter, Eukalyptusblätter und Königskerze zu gleichen Teilen mischen (jeweils ca. 10 Gramm – etwa 1 Esslöffel). Von der Mischung 1 Esslöffel voll mit 1/4 Liter Wasser aufbrühen, 15 Minuten ziehen lassen, 2 bis 3 Tassen täglich trinken.

Atembeschwerden

Erhöhte Atemfrequenz bei Angstzuständen

- Je 1 Teelöffel Hopfen und Johanniskrautblüten mit 1 Tasse kochendem Wasser übergießen. 8 bis 10 Minuten abgedeckt ziehen lassen, abgießen. Pro Tag etwa 3 Tassen trinken.
- Je 1 Teelöffel Benediktenkraut, Betonienblüten (echter Ziest), Brennnesselblätter, Rosenblüten, Taubnesselblätter und 3 Teelöffel Lavendelblüten mischen. Von dieser Mischung 3 Esslöffel mit 3/4 Liter heißem Wasser aufbrühen, 12 Minuten ziehen lassen. Täglich 1 bis 2 Tassen kurmäßig trinken.
- Je 1 Teelöffel Ziest, Ehrenpreis, Eisenkraut, Herzgespannkraut, Lavendelblüten, Salbei und Thymian mischen, 3 Esslöffel davon mit 1 Liter Wasser aufbrühen und über den Tag verteilt trinken.

Akupressur des »Stresspunkts«: Massieren Sie die Mitte des Brustbeins mit dem Zeigefinger.

Wein für bessere Atmung

Trinken Sie zum Essen milden, trockenen Wein mit geringer Säure, der in den oberen Atemwegen nicht zu einer Reizung führt. Weintrinker atmen tiefer, die Sauerstoffversorgung ist verbessert.

- Empfehlenswert sind z. B. Weißburgunder/Pinot Blanc oder fränkischer Silvaner.
- Die empfohlene Tagesmenge beträgt für Frauen 0,2 Liter, für Männer maximal 0,4 Liter.

Atemnot bei Herzschwäche

▶ 2 Teelöffel Weißdorntee und 2 Teelöffel Johanniskraut mit 1/2 Liter Wasser aufbrühen, 10 Minuten ziehen lassen. Davon sollten täglich mehrere Tassen getrunken werden.

Ein Bluthochdruck liegt vor, wenn die Werte ständig 160/95 mmHg übersteigen; niederer Bluthochdruck ist durch permanente Werte unter 100/80 mmHg definiert.

Atemnot bei Bluthochdruck (Hypertonie)

▶ 30 Gramm Weißdornkraut, 20 Gramm Baldrianwurzeln und 15 Gramm Stiefmütterchenkraut mischen. 1 Esslöffel davon mit 1 Tasse Wasser aufbrühen, 10 Minuten ziehen lassen. Jeden Tag 2 Tassen trinken. Das sollte mindestens 6 Wochen lang praktiziert werden.

Luftmangel bei niedrigem Blutdruck (Hypotonie)

▶ 20 Gramm Weißdornblätter und 10 Gramm Arnikablüten mischen. 1 Esslöffel davon mit 1 Tasse kochendem Wasser brühen, 10 Minuten ziehen lassen. Empfehlenswert ist es, täglich 2 Tassen mindestens 6 Wochen lang zu trinken.

Weißdorn ist ein natürliches, aber hochwirksames Heilmittel. Sie sollten vor einer intensiveren Behandlung mit dem Kraut besser Ihren Arzt zurate ziehen.

Verdauungsbeschwerden

Es sind vor allem die Verdauungs- und Entgiftungsorgane im Bauch, die von Störungen betroffen werden und Schmerzen verursachen. Folgeerkrankungen können von Allergien bis Herzleiden reichen. Der Darm ist auch als Teil des Immunsystems oft stark belastet.

Was Magen und Darm leisten

Mund, Speiseröhre, Magen und Darm bilden den menschlichen Verdauungstrakt, der etwa neun Meter lang ist.

30 Tonnen Nahrung und 50 000 Liter Flüssigkeit gehen im Lauf eines 75 Jahre währenden Lebens durch unseren Magen. In diesem etwa 20 Zentimeter langen Beutel, der ca. 1,6 bis 2,4 Liter Fassungsvermögen hat, liegen die Speisen oft viele Stunden. Sie werden von der Magenmuskulatur kräftig durchgemengt und mit dem Magensaft aus Salzsäure, Enzymen und Schleim vermischt. Dabei können Eiweißstoffe bereits zerkleinert (vorverdaut) werden. Fett hingegen durchwandert den Magen unverändert. Durch einen komplizierten Mechanismus fordert der Darm – das eigentliche Verdauungsorgan – so viel Nahrungsbrei aus dem Magen an, wie er gerade brauchen kann. Da der Darm das Fett in der Nahrung nur sehr langsam abbauen kann, liegen ölige und fettige Speisen entsprechend lange im Magen, ehe wieder Nachschub angefordert wird.

Was den Magen belastet

Auch schlecht gekaute und ballaststoffreiche Nahrung hemmt die Magenentleerung. Der Magen ist überhaupt ein recht empfindliches Organ. Nicht nur Fett, zu heißes Essen, zu kalte Getränke, zu viel Alkohol und Nikotin stören ihn, auch Gefühle wie Angst, Schmerz, Lust, Glück und Enttäuschung wirken auf die Magennerven, die Muskulatur und die Magensäfte ein.

Die Folgen können sein: Magenschleimhautreizung und -entzündung (Gastritis), Magenkatarrh, Magendrücken (Völlegefühl), Magenkrämpfe, Übelkeit und Sodbrennen. In solchen Situationen müssen wir dem geplagten Magen helfen. Neben reizarmer Kost mit viel leichtem Tee (ungesüßt), Zwieback und Haferschleim gibt es viele Möglichkeiten, den gestressten Magen von außen zu besänftigen.

Das gründliche Kauen der Nahrung erleichtert die komplizierten Stoffwechselvorgänge in den Verdauungsorganen.

Kalter Bauch

Dieses Gefühl kennt jeder: Es bewegt sich nichts im gesamten Verdauungstrakt, schier leblos und wie unterkühlt kommt uns unser Bauch vor. Häufig geht dieser Zustand mit leichten Schmerzen und mit Frösteln einher. Ein überlasteter oder gestresster Magen, Darmträgheit und eine schlechte Durchblutung im Bauchraum sind sehr oft die Ursachen für diesen kalten Bauch.

Massage mit Kirschkernkissen

Sie eignet sich sehr gut, um die Durchblutung im Bauch und die Beweglichkeit des Darms auf milde Weise anzuregen.

- Ein Kirschkernkissen auf 100 bis 120 °C vorheizen.
- In der Zwischenzeit in Rückenlage begeben. Es empfiehlt sich, die Beine leicht anzuwinkeln, beispielsweise mit Unterstützung durch ein Dinkelkissen in den Kniebeugen.
- Die flache Hand, die in heißem Wasser oder durch kräftiges Reiben vorgewärmt sein sollte, streicht sanft über den entblößten Bauch. Die Bewegungen beschreiben einen großen Kreis im Uhrzeigersinn vom Becken über den Brustkorb und zurück. Dieser Kreis sollte 5- bis 7-mal ausgeführt werden. Dann werden die Krei-

Verweildauer von Speisen im Magen

Bis zu 30 Minuten	Honig, Traubenzucker, Alkohol
1/2 bis 1 Stunde	Tee, Mineralwasser, fettarme Brühe, ungezuckerter Kaffee, Buttermilch
1 bis 2 Stunden	Milch, Kakao, Kaffee mit Milch und Zucker, Schwedenmilch, Joghurt, Dickmilch, fettarmer Weichkäse, Weißbrot, helle Brötchen, weich gekochte Eier, gekochter Reis, Kartoffelpüree, Obstkompott
2 bis 3 Stunden	Pellkartoffeln, Rührei, mageres gekochtes Fleisch, Gemüse wie Spinat, gekochte Möhren, Bananen, Tartar
3 bis 4 Stunden	Huhn, gegrilltes Kalbfleisch, Schwarzbrot, Käse, rohes Obst, gedünstetes junges Gemüse, grüner Salat, Beefsteak, Bratkartoffeln, Schinken, gegrilltes Filet
4 bis 5 Stunden	Gebratenes Steak, Braten, Hering, Rauchfleisch, Erbsen, Linsen, Schnittbohnen
Etwa 6 Stunden	Gurkensalat, Thunfisch in Öl, Speck, Schweinebraten, geräucherter Lachs, Pommes frites, Pilze, Schmalznudeln
Bis zu 8 Stunden	Schweinshaxe, Gänsebraten, Grünkohl, Ölsardinen

Bei häufigen Verdauungsproblemen muss abgeklärt werden, ob eine Nahrungsmittelallergie oder eine Unverträglichkeit von Milchzucker vorliegt.

se allmählich enger gezogen, bis sie den Nabel erreichen. Nun erweitern sie sich wieder zum großen Bogen und werden dann erneut enger gezogen. Die gesamte Massage sollte 7-mal durchgeführt werden.

▶ Am Ende liegt die flache Hand auf der Magengrube und streicht von dort nach unten über den Bauch, ebenfalls 7-mal.

▶ Den Abschluss bildet die Massage mit einem auf etwa 140 °C vorgeheizten Kirschsteinsäckchen. Damit wird der Bauch sanft geknetet. An jener Stelle, an der es am angenehmsten und entspannendsten empfunden wird, bleibt das Säckchen etwa 20 bis 40 Minuten liegen. Der Körper muss dabei warm zugedeckt sein.

Der Magen ist ein sensibles Organ: Ein so genannter Reizmagen wird oft durch Stress und psychische Probleme verursacht.

Völlegefühl

Warme Wickel aktivieren den Magen, bringen die Verdauung in Schwung und schaffen Erleichterung.

Lendenwickel

▶ Man braucht ein etwa 180 Zentimeter langes und 80 Zentimeter breites Baumwolltuch. Es wird der Länge nach 1-mal gefaltet. Dieses Tuch in 40 bis 50 °C warmes Wasser tauchen, auswringen und faltenlos so um den Körper wickeln, dass es vom Bauchnabel bis zur Mitte der Oberschenkel reicht. Darüber ein trockenes Tuch und außen herum eine Wolldecke wickeln. Dieser Wickel bleibt liegen, bis er spürbar abgekühlt ist, also 45 bis 90 Minuten. Danach wird die Haut kalt abgewaschen und gründlich getrocknet.

Was sonst noch hilft

▶ **Kamillentee** ist altbewährt bei Entzündungen und Krämpfen im Verdauungstrakt: 1 bis 2 Teelöffel Kamillenblüten pro Tasse überbrühen und gut 10 Minuten ziehen lassen. 3- bis 4-mal täglich 1 Tasse warm und schluckweise trinken, das beruhigt Magen und Darm. Diese Wirkung wird noch verbessert, wenn jeder Tasse Tee 1 bis 2 Teelöffel Milchzucker (Laktose) zugegeben werden. Die Laktose gelangt unverändert durch Magen und Dünndarm in den Dickdarm. In diesem Abschnitt erst wird sie von den dort lebenden Darmbakterien zerlegt. Dabei entsteht u. a. Milchsäure, die für eine gesunde Darmflora sehr wichtig ist.

▶ **Wein zum Essen:** Das vegetative Nervensystem regt beim Weingenuss die Drüsen der Magenschleimhaut an. Die Durchblutung des Magens verstärkt sich, es entsteht ein angenehmes Wärmegefühl. Gleichzeitig wird auch die Sekretion der Bauchspeicheldrüse und der Gallenblase angeregt.

Ein Glas Wein zum Essen steigert die Magenmotorik. Der Mageninhalt wird dadurch intensiver durchmischt. Durch die leichte Weinsäure sterben unerwünschte Bakterien ab. Bei mäßigem Genuss ist eine Übersäue-

Die im Magensaft enthaltene Salzsäure tötet die meisten Krankheitserreger ab.

Der richtige Wein

- Wer zu wenig Magensäure hat, sollte einen rassigen Riesling aus Deutschland oder dem Elsass wählen.
- Wer zu einer Übersäuerung des Magens neigt, für den empfiehlt sich eher ein milder Silvaner oder ein Rotwein aus dem französischen Medoc oder ein Merlot aus dem Tessin. Dieser Wein ist sehr säurearm und von einem angenehm wärmenden Feuer. Allerdings hat er mit bis zu 14 Prozent ziemlich viel Alkohol, sollte also sparsam getrunken werden.
- Sehr verdauungsfördernd ist übrigens Weinschorle, denn die Kohlensäure regt zusätzlich die Magen- und Darmtätigkeit an.

rung nicht zu befürchten. Der Säuregehalt im Wein bewegt sich nämlich in einem pH-Bereich von etwa 2,8 bis 4,0. Das entspricht dem natürlichen Säuregehalt im menschlichen Magen. Ganz abgesehen davon: Der dosierte Genuss von Wein macht bessere Laune und trägt zur psychischen Entspannung bei.

Blähungen

Neben Wärme hilft vor allem Bewegung. Dadurch werden die Flatulenzen auf natürlichem Weg abgeleitet.

Dinkel- und Kirschkernkissen

- Ein Dinkelkissen (am besten das breitere Kopfkissen) auf 100 bis 120 °C vorheizen.
- Das Kissen in die Mitte des Bettes platzieren. Zur Verstärkung ein heißes Kirschkernkissen (120 bis 160 °C) in das Dinkelkissen drücken und sich bäuchlings darauf legen.
- Auch einzeln angewendet, bringen heiße Dinkel- und Kirschkernkissen Erleichterung.

Hülsenfrüchte blähen weniger, wenn sie vor dem schonenden Garen mit Dampf zwölf Stunden im Wasser eingeweicht werden.

Ölmischung zur Bauchmassage

10 Tropfen Grapefruitöl, je 5 Tropfen Lavendel-, Zypresse- und Wacholderöl mit 50 Milliliter Johanniskrautöl mischen und den Bauch damit sanft massieren.

Was sonst noch hilft

- **Fencheltee:** Er verringert die Bildung von Gasen im Darm. 1 Teelöffel getrocknete Fenchelfrüchte mit 1 Tasse kochendem Wasser übergießen und 10 Minuten ziehen lassen. Mehrmals täglich trinken. Variante: Wenn man Fenchel mit Kümmel, Pfefferminzblättern und Kamillenblüten mischt, erhält man den vorzüglichen »Vier-Winde-Tee«, der am besten gesüßt wird.

Durchfall

Kirschkern- und Dinkelkissen

Ein 120 °C heißes Kirschkern- oder Dinkelkissen auf den schmerzenden Bereich legen und eine Wolldecke darüber breiten. Dies lindert eventuell auftretende Darmkrämpfe.

Bei Durchfall gehen Flüssigkeit und Mineralstoffe verloren, die ersetzt werden müssen. Deshalb viel trinken, am besten verdünnte Fruchtsäfte und Kräutertees.

Was sonst noch hilft

- **Heidelbeertee:** Ein besonders wirksames Mittel gegen Durchfall sind Heidelbeeren. Ihr Gerbstoff strafft die entzündete Schleimhaut. Der blauschwarze Farbstoff hemmt das Wachstum schädlicher Bakterien. 2 gehäufte Esslöffel getrocknete Beeren mit 1/2 Liter kaltem Wasser ansetzen, aufkochen und 10 Minuten weiterkochen lassen. Abseihen und mehrmals täglich 1 Tasse trinken.
- **Johanniskraut- und Pfefferminztee:** Je 1 Teelöffel Johanniskraut und Pfefferminze mit 1/4 Liter kochendem Wasser aufbrühen, 10 Minuten ziehen lassen. 3 Tassen pro Tag trinken. Dieser Tee hilft besonders bei psychisch bedingten Durchfällen.

Verstopfung

Lendenwickel

Dieser Wickel (Anleitung siehe Seite 42) wirkt anregend auf die Verdauung.

Heiße Rolle

- Vier Frotteetücher der Länge nach falten. Das erste Tuch so aufwickeln, dass auf einer Seite eine gerollte Spitze übersteht und sich an der anderen Seite ein Trichter bildet (straff wickeln!). Das zweite Tuch so herumwickeln, dass Spitze und Trichter noch etwas wachsen. Die beiden anderen dann exakt darauf wickeln.

▶ 1 Liter heißes Wasser langsam in den Trichter gießen. Wenn gut gewickelt wurde, läuft nichts heraus, das ganze Wasser wird aufgesogen. Ein ungefaltetes Frotteetuch so herumwickeln, dass es übersteht und man die Rolle damit anfassen kann.

▶ Die Rolle über den bloßen Bauch wälzen. Die jeweils abgekühlten Tücher von außen her entfernen bis zum innersten Tuch, das dann noch eine Weile auf dem Bauch liegen bleibt. Eine Wolldecke darüber breiten.

Ursachen für Verstopfungen sind oft Ernährungsfehler (zu wenig Ballaststoffe und zu viel Fett) und Erkrankungen der Verdauungsorgane. Abführmittel sollten tunlichst gemieden werden!

Ölmischung zur Bauchmassage

Je 8 Tropfen ätherisches Öl von schwarzem Pfeffer, Majoran und Estragon mit 50 Milliliter Olivenöl mischen und damit sanft den Bauch massieren.

Was sonst noch hilft

▶ Verdauungsanregende Obstsorten sind Himbeeren, Pflaumen, Feigen und Aprikosen.

▶ Rohes Sauerkraut wirkt zugleich entgiftend.

▶ An Säften sind zu empfehlen: Himbeer-Rhabarber-Saft, Sauerkrautsaft, Holundersaft, Pflaumensaft.

Gallenblasenbeschwerden

Wenn die Gallenblase und die Gallengänge Probleme machen, ist der Arzt aufzusuchen. In Absprache mit ihm können Sie aber durch Wickel und Auflagen die Behandlung unterstützen.

Kissen und Wickel

Am Tag heiße Kirschsteinsäckchen auf die Lebergegend legen, nachts kalte Bauchwickel anlegen (siehe Lendenwickel, Seite 42).

Erste Hilfe bei Gallenkoliken

Bis der Arzt kommt, sollten Sie

- Nichts essen
- Heißen Tee trinken
- Einen warmen Einlauf machen (38 °C)
- Heiße Auflagen (Kirschsteinsäckchen oder Heublumensäckchen) anwenden
- Leberwickel (siehe Seite 11f.) oder Kartoffelsackauflage können hilfreich sein: Kartoffeln mit Schale kochen, in ein Baumwoll- oder Leinensäckchen geben und darin zerquetschen. Diesen Sack auf die Lebergegend legen, mit einem Tuch abdecken und eine Wolldecke darüber breiten.

Was sonst noch hilft

- Täglich nüchtern 2 Teelöffel Karlsbader Salz in heißem Wasser einnehmen
- Gallentee
- Dünner Pfefferminztee
- Als Diät empfehlen Naturärzte in Anlehnung an Pfarrer Kneipp: 2 Tage fasten, dann Rohkost und je nach Verlangen Gemüse, Bratkartoffeln (in Öl gebraten) oder Pellkartoffeln, Buttermilch, Sauermilch, Haferschleim. Butter, Speck, Fleisch und Alkohol sind zu meiden.

Um Gallenblasenleiden vorzubeugen, sollten Sie wenig Fett und tierisches Eiweiß essen sowie den Alkohol- und Koffeingenuss einschränken.

Fuß- und Beinbeschwerden

Sportler, die pro Woche etwa 100 Kilometer Lauftraining absolvieren, treten im Lauf der Jahre rund 200 Millionen Mal den Boden mit ihren Füßen. Dabei werden diese häufig mit dem Zwei- bis Dreifachen des Körpergewichts belastet. Selbst ein unsportlicher Mensch berührt in seinem Leben rund zehn Millionen Mal mit den Füßen die Erde.

Was die Füße leisten

Jeder Fuß besteht aus 28 Knochen, 114 Bändern und 20 Muskeln. Das Fersenbein allein trägt die Hälfte unseres Gewichts, jeder Ballen ein Viertel. Unser Fuß funktioniert im Prinzip wie ein dreibeiniger Hocker. Selbst wenn wir nur einfach dastehen, leisten die Füße Schwerarbeit. Sie müssen unser Gewicht tragen und den Körperschwerpunkt permanent ausbalancieren. Bei den Anforderungen des aufrechten Gangs bleibt es nicht: Es wird gerannt, gehüpft und gebremst, gegrätscht und getanzt.

Verformten Füßen kann durch ein spezielles Muskeltraining sowie orthopädisch geeignete Schuhe und Einlagen geholfen werden.

Kranke Füße

An den Füßen entstehen durch diese Belastung Druckstellen, Blasen, Verformungen, Sehnenüberdehnungen und -abrisse. Schäden an den Füßen können Auswirkungen auf die Wirbelsäule haben, auf Herz- und Kreislauf; sie verursachen sogar Kopfschmerzen. Neun von zehn Deutschen haben kranke Füße: Senk-, Knick-, Spreiz- und Plattfüße, Hammerzehen, Hühneraugen, Fußpilz und Fußschweiß.

Jeder vierte Deutsche leidet außerdem an Venenschwäche in den Beinen mit Folgen wie Krampfadern sowie geschwollene und offene Beine. Viele der Erkrankungen an Füßen und Beinen resultieren aus Bewegungsmangel, Übergewicht, zu kleinen und unzweckmäßigen Schuhen, stehend und sitzend verrichteter Arbeit; teilweise liegt auch eine genetische Veranlagung zugrunde.

Pflege der Füße

Wir haben also wirklich allen Grund, mehr für unsere Füße zu tun. Sie sind eigentlich zum Barfußlaufen konstruiert. Doch auf unseren Beton- und Asphaltpisten, im Beruf, im Haushalt und im Sport hätten wir mit bloßen Füßen keine Chance. Solchen Anforderungen sind sie nicht gewachsen.

Aber sooft es geht, sollten wir die Schuhe abstreifen und barfuß oder auf Strümpfen gehen. Dadurch wird die Fußmuskulatur besser durchblutet, denn bei jedem Schritt entsteht ein Massageeffekt an der Fußsohle. So weit die Füße tragen, sollten wir jeden Tag einige Kilometer zu Fuß gehen. Das hilft, Stress abzubauen, die Blutfettwerte normalisieren sich, der Blutdruck ebenso. Unsere Füße sind hochsensibel. Sie gehören zu den empfindlichsten Körperteilen überhaupt.

Schuhe sollten so beschaffen sein, dass die Zehen ohne Druck nebeneinander liegen können.

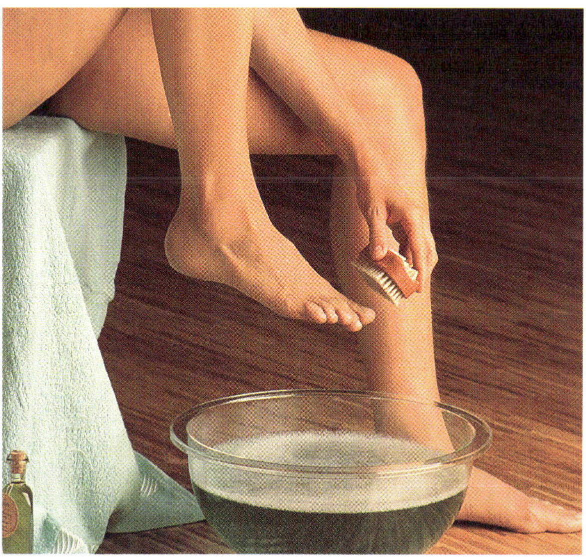

Ein ansteigendes Fußbad, bei dem die Wassertemperatur schrittweise erhöht wird, kann den gesamten Organismus durchwärmen und fördert guten Schlaf.

Dem gesamten Körper helfen

Durch ständiges Tragen von hohen Absätzen verkürzt sich die Achillessehne – die Füße schmerzen dann beim Gehen ohne Absätze.

Wer seine Füße richtig pflegt, hilft seinem gesamten Organismus. Viele Nervenbahnen enden an den Fußsohlen. Daher rührt der Einfluss, den diese Zonen auf unseren gesamten Körper ausüben. Wer oft kalte Füße hat, bekommt leicht Schnupfen, Halsweh oder andere Erkältungskrankheiten.

Die Erklärung: Die Blutgefäße an den Zehen und im Vorfuß verengen sich durch die Kälte ziemlich stark. Über einen Nervenreflex verengen sich gleichzeitig auch die Adern im Hals, in der Nase, im Rachenraum und in den Nebenhöhlen. Durch die damit verursachte geringere Durchblutung wird in diesen Bereichen die körpereigene Abwehr geschwächt. Viren und Bakterien können sich festsetzen und Infekte auslösen. Durch ein heißes Fußbad erweitern sich die Blutgefäße in den Füßen wieder und mit ihnen auch die Gefäße im oberen Atembereich. Der verstärkte Blutfluss hat zur Folge, dass auch wieder mehr Abwehrzellen herangeschafft werden. Deshalb ist ein heißes Fußbad so gesund, besonders bei Erkältungswetter.

Was den Füßen gut tut

- Morgens und abends waschen, mit einer mittelharten Bürste abschrubben, eincremen
- Die Fußnägel regelmäßig schneiden und feilen
- So oft wie möglich barfuß laufen und täglich Fußgymnastik machen
- Niemals zu kleine Schuhe tragen, lieber eine halbe bis eine Nummer größer kaufen
- Nur Strümpfe aus natürlichen, atmungsaktiven Materialien (Wolle, Baumwolle, Leinen) tragen

Kalte Füße

Kalte Füße machen krank. Das wussten unsere Großmütter deshalb so gut, weil zugige Türen, Ofenheizungen und kalte Böden für die meisten Menschen zum Alltag gehörten. Aber auch in unseren komfortablen Zeiten haben viele im Winter kalte Füße. Manchen gelingt es nicht einmal, unter der Daunenbettdecke ihre eiszapfenkalten Extremitäten warm zu bekommen. Das kann an mangelhafter Durchblutung infolge Arterienverkalkung oder niedrigem Blutdruck liegen. Das Blut muss außerdem bis zu den Füßen den weitesten Weg im Körper zurücklegen. Es dauert entsprechend lange, bis genügend Blut dorthin gelangt ist, um die Kälte zu vertreiben. Da hilft selbst die warme Decke erst nach einiger Zeit. Schneller geht es mit dem Kirschsteinsäckchen oder einem warmen Fußbad.

Strümpfe aus Nylon und Schuhe aus Kunststoff fördern die Schweißbildung und tragen dazu bei, dass die Füße kalt werden.

Massage mit dem Kirschsteinsäckchen

- Das Kirschsteinsäckchen im Backofen oder der Mikrowelle erhitzen (maximal 130 °C).
- In der Zwischenzeit die Füße im Waschbecken ein paar Minuten unter gut warmem Wasser abwaschen oder in einer Schüssel baden, dann abtrocknen.
- Das Kirschsteinsäckchen auf eine saubere Unterlage auf den Boden legen. Mit den Füßen in den heißen Kirschsteinen wühlen und greifen, das Säckchen zwischen den Füßen reiben und rubbeln.
- Ältere Menschen, die nicht mehr so gelenkig sind, um einen Fuß auf das Knie zu legen und eine Wärmemassage durchzuführen, können auf diese Weise ihre Füße so richtig durchkneten. Wer jung und gelenkig ist, kann das heiße Säckchen auch in die Hand nehmen und damit die Fußsohlen massieren.

▶ Danach sofort dicke Socken anziehen. Die Wärme hält über Stunden an. Das warme Säckchen kann auch noch eine Weile als zusätzlicher Fußwärmer benutzt werden.

Was sonst noch hilft

▶ **Wechselfußbad:** Eine andere Möglichkeit, die Blutgefäße in den Füßen zu aktivieren und sie damit schnell warm zu bekommen, ist das Wechselfußbad. Zwei Schüsseln mit Wasser werden nebeneinander gestellt. Die Temperatur in der einen sollte 39 bis 40 °C betragen, die in der anderen etwa 12 bis 15 °C. Die Füße zuerst 2 Minuten lang in das warme Wasser, danach 15 Sekunden in das kalte Wasser tauchen. Der Vorgang wird ein paar Mal wiederholt, dann trocknet man die Füße ab und zieht warme Socken an.

Schmerzenden und geschwollenen Füßen tut es gut, wenn möglichst oft die Beine hochgelegt werden. Ein Dinkelkissen unter den Knien gibt dabei Halt und entspannt.

Müde und schmerzende Füße

Gurkenpackung

Die Anwendung bewirkt, dass Sie nach einer anstrengenden Wanderung oder langem Stehen anderntags wieder topfit sind.

▶ Die Füße waschen.

▶ 1 Salatgurke im Mixer pürieren, den Brei in ein Paar Socken füllen und diese anziehen. Die Packung über Nacht anbehalten.

Was sonst noch hilft

▶ **Wadendehnung und -entkrampfung:** Etwa 60 bis 80 Zentimeter vor einer Wand aufstellen, ein dickes Buch, einen Ziegelstein oder ein passendes Brett auf den Boden legen. Einen Fuß darauf stellen. Den anderen Fuß nach vorne setzen. Vorbeugen und dabei Unterarme und Hände gegen die Wand drücken, bis es in der Wade zieht. Etwa 1/2 Minute verharren, dann das Bein wechseln.

- **Zehenstand:** Leicht breitbeinig hinstellen und dann so hoch wie möglich auf die Fußballen erheben. Einige Sekunden verharren und langsam wieder absenken. Mehrfach wiederholen. Anschließend auf ein Brett oder eine Treppe stellen, sich festhalten und die Fersen absenken. Mehrfach wippend wiederholen. Danach die Füße zur Lockerung ausschütteln.

Eine ererbte Bindegewebsschwäche vergrößert das Risiko von Venenerkrankungen. Die Stärkung der Beinmuskulatur ist dann besonders wichtig.

Venenproblemen vorbeugen

Venenprobleme, Besenreiser und Krampfadern machen immer mehr Menschen zu schaffen. Manchmal ist das Erbgut schuld. Bewegungsmangel, langes Stehen und falsche Ernährung spielen eine erhebliche Rolle. Auch die Fettsucht (Adipositas) kann Ursache sein.

- **Ein Glas Wein zu jeder Mahlzeit:** Wenn der für die Gerinnung verantwortliche Stoff Fibrin erhöht ist, kommt es zu Verklumpungen und Störungen des Blutdurchflusses. Eines der angenehmsten Antifibrinmittel ist in Maßen genossener Wein. Er verbessert die Fließeigenschaften des Bluts, senkt das Thrombose- und Krampfadernrisiko.
- **Bewegung:** Genauso wichtig ist es, die Blutgefäße durch Spaziergänge und Treppensteigen zu trainieren. Dadurch wird die Beinmuskulatur angeregt und aufgebaut, die immens wichtig für die Pressung der Venen und den Bluttransport ist.
- **Kalte Beingüsse nach Sebastian Kneipp:** Den Duschstrahl von den Füßen langsam das Bein bis zu den Leisten hochführen, am besten mehrmals täglich.
- **Warme Armbäder:** Sie fördern die Durchblutung im gesamten Körper. Das Waschbecken oder eine Schüssel

mit warmem Wasser füllen. Je 1 Esslöffel Besenginsterkraut, Schafgarbe, Weidenröschenkraut und Weißdorn hinzugeben und 1 Teelöffel Honig darin auflösen. Die Arme etwa 15 Minuten darin baden.

Krampfadern

Bei Krampfadern führt ein Blutstau in krankhaft veränderten Venen zu Verdickungen, die bläulich hervortreten. Wenn diese Venenerkrankung nicht ärztlich behandelt wird, kann ein offenes Bein entstehen, und es wächst das Risiko einer Bildung von Thrombosen. Mit kalten Auflagen und Wickeln können die oft starken Schmerzen ohne großen Aufwand gelindert werden.

Wenn die ventilartigen Klappen der Venen nicht wird nicht alles Blut zum Herz transportiert, sondern es versackt in den Venen.

Kaltes Kirschsteinsäckchen zur Schmerzlinderung

Das Kirschsteinkissen wird für 2 Stunden ins Eisfach gelegt und dann auf die schmerzende Stelle appliziert, bzw. es dient dem schmerzenden Bein als Unterlage.

Lehmwickel/Lehmauflage

Lehm ist ein Gemisch aus verschiedenen Mineralien, das durch die Verwitterung von Gestein entsteht. Lehm entzieht dem Körper Flüssigkeit und vor allem Hitze. Er kann deshalb auf sehr angenehme Weise kühlen. Als Heilmittel ist er, oft als Heilerde bezeichnet, in Apotheken und Reformhäusern erhältlich. Es gibt ihn als Pulver oder fertige Paste zu kaufen, teils mit Heilkräuterauszügen.

- Das Lehmpulver mit Wasser und einem Schuss Obstessig anrühren.
- Der dickflüssige Brei wird etwa fingerdick auf ein dünnes Tuch (Gaze) aufgetragen.
- Diese Auflage wird über die schmerzende Stelle gelegt und mit einem Tuch aus Baumwolle bedeckt.

Lehmwasserauflage/Lehmwasserwickel

▶ Das Lehmpulver wird in Wasser und Obstessig aufgelöst.

▶ In diesem Lehmwasser wird ein Tuch getränkt und um die schmerzenden Stellen geschlungen.

Auch das operative Entfernen von Krampfadern ist keine Garantie dafür, dass nicht neue entstehen. Deshalb sind vorbeugende Maßnahmen wichtig.

Quarkwickel

Wenn Quark mit der Haut in Berührung kommt, entsteht ein kühlender Effekt. Dieser hält umso länger an, je feuchter die Auflage oder der Wickel zunächst ist. Deshalb empfiehlt es sich, dem zu verwendenden Quark etwas Buttermilch beizumischen. Solange der Quark feucht ist, zieht er auch entzündliche Substanzen an sich und neutralisiert sie. Von der Haut wird er sehr gut vertragen.

Sechs Übungen zur Vorbeugung

1. Aufrecht hinstellen, Arme über den Kopf heben, Hände auf dem Kopf falten und dann ganz langsam in die Kniebeuge absinken. 5-mal wiederholen.
2. Ein Bein heben und in Form einer Acht schwingen. Die Übung mit dem anderen Bein wiederholen. Insgesamt jedes Bein 12-mal kreisen lassen.
3. Auf eine Stuhlkante setzen, Beugen und Strecken des Fußgelenks und Abrollen des Fußes. 20-mal wiederholen.
4. In Rückenlage die gestreckten Beine in entgegengesetzter Richtung kreisen lassen. Mindestens 20-mal.
5. Mit beiden Füßen abwechselnd auf Zehenspitzen und Fersen stellen. 20-mal wiederholen.
6. Auf der Stelle marschieren, dabei das Knie hoch anziehen und mit den Armen locker schwingen.

▶ Ein dünnes Baumwoll- oder Leinentuch etwa 1 bis 2 Zentimeter dick mit Quark bestreichen.

▶ Das Tuch auf die Haut packen. Ein in kaltes Wasser getauchtes und ausgewrungenes Tuch darüber breiten. So hält der Wickel die Feuchtigkeit länger. Das feuchte Tuch mit Verbandklämmerchen befestigen oder mit einer Binde umwickeln. Es empfiehlt sich, an den Tüchern breite Ränder überstehen zu lassen, die dann umgeschlagen werden können, damit der Quark nicht herausquillt.

Kompressionsstrümpfe aus dem Sanitätsfachhandel können Krampfadern wirkungsvoll vorbeugen.

▶ Den Wickel wechseln, sobald er trocken und warm wird.

Teebaumölauflage

▶ Für eine kühlende Teebaumölauflage ein Tuch in kaltes Wasser tauchen und auswringen.

▶ Mit ca. 5 Tropfen Teebaumöl beträufeln und auf die schmerzenden Krampfadern legen. Die Beine hochlegen. Als Variante kann man Olivenöl und Teebaumöl im Verhältnis 3 : 1 mischen, eine Mullkompresse damit tränken und über Nacht auf die betroffenen Stellen legen, wobei die Kompresse mit einem trockenen Baumwolltuch oder mit Binden fixiert wird.

Was sonst noch hilft

▶ Massage mit ätherischen Ölen: 10 Tropfen Limette, 8 Tropfen Zypresse, 6 Tropfen Schafgarbe mit 100 Milliliter Olivenöl mischen und damit sanft die Beine massieren. Eine andere Mischung: 12 Tropfen Grapefruit, 6 Tropfen Zypresse, 6 Tropfen Wacholder und 6 Tropfen Lavendel in 100 Milliliter Jojobaöl.

▶ Einreibungen mit verdünntem Apfelessig, Rosskastanienauszügen, Retterspitz oder Arnikatinktur (auf 0,9 Liter Wasser 0,1 Liter Tinktur).

▶ Waschungen mit Arnikatinktur oder Meersalz (bei dicken Beinen): 1 Esslöffel Meersalz auf 1/2 Liter Wasser geben. Meersalzlösung eignet sich auch gut für lindernde Auflagen oder Wickel.

▶ Einnahme von Rosskastanienextrakten aus der Apotheke oder Apfelessig.

Vitaminmangel trägt zur Schwächung der Venen bei. Insbesondere Vitamin C stärkt die Venenwände.

Offene Beine

Zur Unterstützung ärztlicher Maßnahmen kann das uralte Heilmittel Kohl wertvolle Hilfe leisten, solange die Wunden nicht aufgeplatzt sind. Kohl ist schmerzlindernd und hemmt entzündliche Prozesse; Schwellungen gehen zurück. Die Blätter müssen wirklich frisch sein und für die Anwendung richtig vorbereitet werden. Am besten eignen sich die Blätter von Weißkohl und Wirsing. Achtung: Der Kohl darf nicht auf offene Wunden gelegt werden.

Kohlwickel

▶ Grüne, saftige Kohlblätter vom Kohlkopf ablösen. Die Blätter waschen und die besonders starken Mittelrippen am Ansatz abschneiden.

▶ Auf einer Plastik- oder Blechunterlage (Holz eignet sich weniger, weil es saugt) die Blätter auslegen und mit einem Teigroller darüber walzen, bis der Saft austritt.

▶ Die Blätter dachziegelartig auf die betroffene Stelle legen. Mit einem Tuch umwickeln und festbinden. Mindestens 1 Stunde – eventuell auch über Nacht – einwirken lassen. Werden die Blätter braun, zeigt dies, dass Ausscheidungen aufgenommen werden.

▶ Nach der Abnahme die Haut lauwarm abwaschen, mit Johanniskrautöl oder Olivenöl einreiben.

▶ Kohlwickel können über mehrere Wochen (wöchentlich 3-mal) eingesetzt werden.

Stoffwechselbeschwerden

Jeder Stoffwechsel hinterlässt Rückstände. Die meisten werden von den Ausscheidungs- und Entgiftungsorganen – Nieren und Leber – wieder aus unserem Organismus entfernt. Aber es bleiben auch Stoffe zurück, die sich beispielsweise im Fettgewebe ansammeln und giftig wirken können. Sie schädigen das Immunsystem, lösen Allergien aus, machen müde und krank. Wir werden anfällig für Infekte, lustlos, depressiv – sogar die Lust an der Liebe kann verschwinden.

Durch gezielte Anregungen von außen kann die Entgiftungsaktivität unseres Körpers gesteigert werden. Vor allem Wärme und Bewegung regen die Ausscheidungsfunktionen an. Der Leber, die permanent mit der Reinigung unseres Bluts von schädlichen Stoffen beschäftigt ist, tun heiße Auflagen und Wickel sehr gut. Dasselbe gilt für die Nieren, die im Blutkreislauf wie ein Klärwerk funktionieren.

Die Leber produziert Gallensaft, entgiftet das Blut und bildet aus den verdaulichen Substanzen Nährstoffe für die Körperzellen.

Nieren- und Darmtätigkeit fördern

Auch die Nieren werden durch wärmespendende Maßnahmen angeregt, stärker durchblutet und dadurch noch effektiver, z. B. bei der Ausscheidung der Harnsäure. Wenn umgekehrt die Nieren zu wenig leisten, steigt der Harnsäurespiegel im Blut. Die Folge kann Gicht sein, weil sich die Säurekristalle in den Gelenken festsetzen. Die Nieren sind an der Regulation des Salz- und Wasserhaushalts sowie an der Produktion von Vitaminen und Hormonen beteiligt; sie beeinflussen nicht nur den Knochenstoffwechsel, sondern auch Blutbildung und Blutdruck.

Auch der Darmtrakt, die Atmungsorgane und unsere Haut – das größte Organ des Körpers – sind an der Ausscheidung und Entgiftung beteiligt. Auch sie werden durch Auflagen und Wickel aktiviert, gestärkt und zu Hochleistungen angeregt, die den gesamten Organismus entlasten.

Die Leber wiegt bei einem Erwachsenen etwa 1,5 Kilogramm – sie ist die größte Drüse im menschlichen Organismus.

Leberauflagen

Schafgarbe

Sie ist mit der Kamille verwandt, wirkt ähnlich, ist aber viel billiger: die Schafgarbe. Ihr Name rührt daher, dass Schafe, wenn sie Verdauungsprobleme haben, besonders viel davon fressen. Das Schafgarbenkraut riecht aromatisch und ist im Allgemeinen sehr gut verträglich – es sei denn, man ist gegen Korbblütler allergisch. Dann muss man sich bei dieser Auflage mit heißem Wasser begnügen. Die Schafgarbe verstärkt allerdings die entkrampfende Wirkung der Auflage, was bei einer schlechten Verdauung und nach schweren Mahlzeiten sehr angenehm ist. Leberauflagen sollten grundsätzlich nach dem Essen angewandt werden.

- Das Kirschsteinsäckchen im Backofen (oder in der Mikrowelle) auf ca. 160 °C erhitzen.
- Dann 2 Esslöffel Schafgarbenkraut mit einem 3/4 Liter kochendem Wasser übergießen und etwa 5 Minuten abgedeckt auf der heißen Platte ziehen lassen, aber nicht kochen.
- Ein Handtuch ins Waschbecken breiten. Darauf ein mehrfach gefaltetes Baumwolltuch legen, dessen Größe ausreicht, um den rechten Oberbauch abzudecken.
- Den abgeseihten Schafgarbentee über das Baumwolltuch gießen, kurz einwirken lassen. Dann mit dem Frotteehandtuch herausheben und etwas auswringen.
- Das heiße Tuch aus dem Frotteehandtuch nehmen und auf den rechten Oberbauch platzieren. Ein trocke-

nes Tuch darüber legen und das heiße Kirschsteinsäckchen darauf packen. Am besten liegen Sie dabei im Bett, ein Dinkelkissen unter den Knien, leicht zugedeckt, und hören leise, entspannende Musik.

In der Leber werden Eisen, Vitamine und Blutgerinnungsstoffe gespeichert.

▶ Die Leberauflage erst entfernen, wenn das Kirschsteinsäckchen deutlich abgekühlt und das teegetränkte Tuch trocken geworden ist. Das kann bis zu 2 Stunden dauern.

▶ Danach selbst gemachte Limonade trinken: Der Saft von 1/2 Zitrone und 1/2 Grapefruit wird mit 1/2 Liter Wasser (nicht zu kalt – eher etwas temperiert) gemischt. Man sollte zusätzlich insgesamt 2 bis 3 Liter leichten Tee am »Auflagentag« trinken.

▶ Die Leberauflage kann durch ein entsprechend größeres Tuch zum Leibwickel ausgestaltet werden, der dann mit einer darüber liegenden Decke den gesamten Rumpf umschließt. Hierfür sollte man allerdings Hilfe haben.

Verwenden Sie grundsätzlich nur ungespritzte Zitronen, sonst müssen Sie fürchten, zusammen mit den Heilstoffen auch Pestizide zu sich zu nehmen.

Heißes Kirschsteinsäckchen

Wenn keine Zeit für eine feuchte Leberauflage oder einen Leberwickel vorhanden ist, dann kann das heiß gemachte Kirschsteinsäckchen allein auch helfen.

- Das Kirschsteinsäckchen auf 130 bis 160 °C erhitzen.
- Auf die Oberbauchregion am rechten Rippenbogen packen und eine Wolldecke darüber breiten oder ins Bett legen und zudecken.

Im bayerisch-österreichischen Raum wird die Schafgarbe immer noch der Gründonnerstagssuppe beigegeben, weil man sich davon Gesundheit für das ganze Jahr erhofft.

Leinsamenauflage mit Kirschkernkissen

Das ist ein sehr altes Hausmittel. Man kann es im Wechsel mit Schafgarbenauflagen anwenden.

- 2 Tassen frisch gemahlenen Leinsamen mit 4 Tassen Wasser zu einem Brei aufkochen.
- Den Brei fingerdick auf ein Baumwolltuch streichen. Auf den rechten Oberbauch legen, ein trockenes Tuch darüber breiten und das heiß gemachte Kirschsteinsäckchen obendrauf packen.
- Mit einer Wolldecke zudecken und ruhen, bis die Auflage kühl geworden ist.

Heißer Bauchwickel mit Kamillentee

Diese Variante der Leberauflage mit Schafgarbe wird zubereitet wie dort beschrieben und um den gesamten Leib gewickelt.

Was sonst noch hilft

- Selen wirkt leberstärkend. Es ist in Bierhefe, Vollkornbrot, Hafer und Spargel enthalten. Selen gibt es auch in Form von Tabletten.
- Gut für die Leber sind: grüne Bohnen, Chicorée, Endivien, Gurken, Kartoffeln, Karotten, Knoblauch, Zwiebeln, Lauch, Löwenzahn, Kohl, Kresse und Spargel.

▶ Wenn die Leber bereits Beschwerden macht, hilft strenge Diät: wenig Eiweiß, wenig Fett, keine Süßigkeiten, kein Alkohol.

▶ Kräutertees aus Mariendistelfrüchten, Artischockenblättern (vorsichtig dosieren, sehr bitter), Schöllkraut oder Tausendgüldenkraut. Schöllkraut löst Verkrampfungen in den von der Leber abgehenden Gallengängen und fördert den Gallenfluss. Es kann als Tinktur eingenommen oder als Tee zubereitet werden. 2 Teelöffel Kraut auf 1 Tasse heißes Wasser, 10 Minuten ziehen lassen. Auch das bittere Tausendgüldenkraut kann so als Tee zubereitet werden.

Die häufigste Erkrankung der Leber ist die Vergiftung, z. B. durch Alkohol und Medikamente.

Bessere Nierendurchblutung

Mit heißen Auflagen kann die Nierendurchblutung verbessert und so die Entgiftung gefördert werden: Nahrungs- und Genussmittelgifte, Arzneimittelrückstände, Harnstoff und Harnsäure werden über die Nieren ausgeschieden. In 24 Stunden fließen etwa 1500 Liter Blut durch die Nieren, dabei werden ein bis anderthalb Liter Harn herausgefiltert. Je besser die Nieren durchblutet sind, desto schneller werden die Abfallstoffe durch ihren Filter geschleust und ausgeschieden. Heiße Auflagen wirken deshalb harntreibend. Es können die gleichen Auflagen und Wickel angewendet werden wie bei der Leber. Wichtig ist, dass die Nierenbeckenregion (beiderseits der Wirbelsäule in der Lendengegend hinter dem Bauchraum) bedeckt wird.

Kirschsteinsäckchen

Die schnellste Art, den Nieren Wärme zuzuführen: 2 Säckchen in der Mikrowelle gut 2 Minuten aufheizen. Dann in Rückenlage beidseitig unter die Nierenregion schieben und zugedeckt darauf liegen bleiben.

Dinkelkissen

Ein breites Dinkelkissen (Kopfkissen) im Backofen auf über 100 °C erhitzen. In Rückenlage das Kissen unter den Lendenbereich legen. Mit den Ellenbogen das überstehende Kissen an den Körper pressen und 15 bis 20 Minuten einwirken lassen.

Wenn eine kranke Niere entfernt werden muss, kann die verbliebene, sofern sie gesund ist, den Menschen ohne weiteres am Leben erhalten.

Schachtelhalmwickel

Zur Stärkung der Nieren, auch bei Neigung zu Blaseninfektionen, 1- bis 2-mal pro Woche anwenden.

- 5 Esslöffel Schachtelhalmkraut (wegen seiner Verwendung zum Putzen von Zinngeschirr auch Zinnkraut genannt) in 1 Liter warmem Wasser ansetzen, aufkochen und etwa 10 Minuten bei geringer Hitze weiterkochen lassen.
- Inzwischen ein großes Baumwolltuch so falten, dass es etwa eineinhalbmal um den Bauch herumreicht. Ein Frotteehandtuch ins Waschbecken breiten, das Baumwolltuch wie eine Ziehharmonika zusammenschieben und darauf legen. Den heißen Tee abseihen und darüber gießen. Jetzt ein zweites Tuch auf einer Decke im Bett ausbreiten. Das heiße Tuch mit dem Frotteehandtuch aus dem Waschbecken heben und im Handtuch auswringen.
- Zuerst das heiße, dann das trockene Tuch um den Leib wickeln. Im Bett auf den Rücken legen und zudecken. Die Nieren müssen vollständig vom Wickel bedeckt sein.
- 2 aufgeheizte Kirschsteinsäckchen seitlich unter den Wickel auf die Nierengegend legen. Unter die Kniekehlen ein breites Dinkelkissen schieben, damit Sie kein Hohlkreuz machen, sondern mit dem Wickel satt aufliegen.

Auflagen mit Zinnkraut helfen auch bei Wunden, Blutungen und krebsartigen Geschwüren.

Was sonst noch hilft

Die scharf ätzenden Wirkstoffe von Rettich und Radieschen helfen bei Entzündungen von Nieren, Blase und Harnröhre sowie bei Problemen mit dem Wasserlassen.

- **Sauna:** Die Nieren werden durch die Wärme angeregt und durch das Schwitzen entlastet. Bis zu 1 Liter Schweiß kann man bei einem üblichen Saunabad mit 3 Gängen verlieren. Anschließend muss viel getrunken werden, um das eingedickte Blut wieder flüssig zu machen. Die erhöhte Flüssigkeitszufuhr führt wiederum zu einer stärkeren Entschlackung.
- **Hauhecheltee:** 2 Teelöffel der Wurzel mit 1 großen Tasse kochendem Wasser überbrühen, gut 1/2 Stunde ziehen lassen, abseihen. Täglich 4 bis 5 Tassen trinken, um die Harnausscheidung anzuregen.
- **Nierentee aus Bärentrauben-, Birken- und Preiselbeerblättern:** 1 gehäuften Teelöffel der Mischung mit 1 Tasse kochendem Wasser überbrühen, 15 Minuten ziehen lassen, abseihen, mehrmals täglich trinken.
- **Gartenkresse, Brunnenkresse, Kapuzinerkresse:** Die Kapuzinerkresse muss wegen ihrer scharfen Senföle vorsichtig dosiert werden. 1 Esslöffel getrocknetes Kraut mit 1 Liter kochendem Wasser überbrühen, 10 Minuten abgedeckt ziehen lassen. Je 1 Tasse zu den Mahlzeiten trinken.
- **Goldrutentee:** Wie Kressetee zubereiten.
- **Löwenzahntee:** 1 Esslöffel getrocknete Blätter und Wurzeln mit 1 Tasse kaltem Wasser ansetzen, aufkochen und 1 Minute leise kochen, danach 15 Minuten ziehen lassen. Täglich 2 Tassen trinken.
- **Ein Glas Wein zum Essen:** Harnsalze, Ammoniak und Säure werden schneller ausgeschieden, wenn man ein Glas Wein zum Essen trinkt. Laut einer an der Universität Boston mit 45 000 Patienten durchgeführten Studie geht das Nierensteinrisiko, das vor allem bei Frauen sehr hoch ist, dadurch um 40 Prozent zurück.

Spannungszustände

Anspannungen, Verspannungen und Unruhe sind Anzeichen für ein gestörtes inneres Gleichgewicht, für mentale Erschöpfung. Spannungskopfschmerz, Schlafstörungen und Depressionen können die Folgen sein. Bevor für den Betroffenen der Gang zum Arzt unausweichlich wird, sollte er eine erste Selbsthilfe versuchen. Voraussetzung ist, dass man sich der eigenen Befindlichkeit inne wird und Abstand zu den Belastungen gewinnt. Vor allem dieses Wissen über seine Situation, dazu Ruhe, Meditation und Wärme können zu der Entspannung führen, die am Anfang einer jeden Therapie stehen muss. Ohne Entspannung und Entkrampfung ist Regeneration nicht möglich.

Stress ist eine wichtige Alarmreaktion des Körpers – sie hat unsere in der Natur lebenden Vorfahren zu schnellen Flucht- oder Angriffsreaktionen befähigt. Wenn auf den Stress aber keine Entspannungsphase folgt, macht er unweigerlich krank.

Den Körper entspannen

Entspannung mit dem großen Ypsilon

▶ Dazu brauchen Sie ein Dinkelkissen (Sitzkissen) sowie drei Kirschsteinsäckchen oder zwei Kirschsteinsäckchen und ein Frotteehandtuch. Zwei Kirschsteinsäckchen in der Röhre (oder der Mikrowelle) auf ca. 120 °C erwärmen. Ein drittes Säckchen oder ein auf etwa die gleiche Größe gefaltetes Frotteehandtuch kurz in der Gefriertruhe oder im Kühlschrank auf etwa 8 bis 10 °C abkühlen.

▶ Das Dinkelkissen auf den Boden (fester Untergrund) legen. Die zwei heißen Kirschsteinsäckchen in Y-Form vor dem Dinkelkissen anordnen). Das kühle Säckchen oder das kühle Frotteetuch auf die aufsteigende Y-Linie legen.

▶ Nun mit der Hüfte bäuchlings auf das Dinkelkissen legen, der Kopf ruht mit der Stirn auf dem kühlen

Säckchen oder dem kühlen Frotteetuch, die Hände und Armgelenke liegen auf den heißen Kirschsteinsäckchen (die Hände nach unten).

▶ Den Körper jetzt völlig durchhängen lassen, gleichsam der Erde entgegenfallen. Langsam und tief atmen. Augen schließen. Die Füße sollten leicht geöffnet sein und mit den Innenknöcheln auf dem Boden liegen. Die Muskeln entspannen sich, der Körper wird von den Y-Punkten allein getragen. Die gesamte Aufmerksamkeit konzentriert sich im Körper: Es entsteht das Gefühl, als ob er mit dem Boden verschmölze, sich in die Erde verströme, alle Spannungen dorthin ableite.

▶ Anfangs 5 Minuten auf diese Weise entspannt liegen bleiben, später die Entspannungsübung auf 7 bis 12 Minuten steigern.

▶ Vor dem Aufstehen als erstes die Knie abwinkeln, Füße nach oben, leicht baumeln und strampeln. Dann den Oberkörper langsam hochstemmen, Arme strecken. Nach 1 Minute aufstehen.

Erschöpfung und Konzentrationsschwäche sind oft Zeichen für eine ständige Überforderung. Überlegen Sie in solchen Fällen kritisch, ob Sie sich nicht zu viel zumuten.

Was sonst noch hilft

▶ **Johanniskraut:** Es ist als Tinktur, Tee, Öl oder in Form von Tabletten in Apotheken erhältlich. Johanniskraut wirkt auch gegen alle Depressionen und bei Schlafstörungen.

▶ **Für die Duftlampe:** Je 1 Tropfen Sandelholz, Jasmin und Neroli mit 4 Tropfen Zitrus (Zitrone) mischen.

Kopf und Gesicht entspannen

Gesichtsakupressur mit Kirschsteinen

Ein Handsäckchen (6 mal 8 Zentimeter) auf der Heizung, in der Mikrowelle oder im Backofen erwärmen. Gegebenenfalls vor der Anwendung etwas abkühlen lassen, bis es sich angenehm (auf keinen Fall zu heiß!) auf der Gesichtshaut anfühlt.

- Auf einem bequemen Stuhl an den Tisch setzen, die Beine locker nach vorne gestellt, Ellenbogen auf der Platte.
- Das warme Kirschkernsäckchen mit Daumen, Zeigefinger und Mittelfinger beider Hände halten und mit geschlossenen Augen auf der Stirn mit einer sanften Akupressur beginnen, erst oberhalb der Nasenwurzel, dann links und rechts davon.

Auf diese Weise behandeln Sie mehrfach die gesamte Stirn bis zu den Schläfen. Das kleine Säckchen kann dabei abrollen, leicht drücken, kreisen – wie es Ihnen angenehm ist. Nun kommt die Nase dran, erst der Nasenrücken, dann die Nasenflügel. Von den Wangenknochen bis zum Unterkiefer arbeiten Sie sich in leichten Akupressurbewegungen voran. Den ganzen Ablauf können Sie mehrfach wiederholen.

- Als Abschluss wird die entspannende Akupressur des Gesichts noch 1- oder 2-mal (ohne Wiederholungen an einzelnen Stellen) von oben nach unten durchgeführt. (Sie können dabei das Säckchen mit einem Tropfen belebendem Lavendelöl oder der entspannenden »Rosengarten«-Mischung aus dem Reformhaus beträufeln).
- Wenn Sie möchten, können Sie jetzt das Säckchen wieder erwärmen und dann noch den Nacken damit massieren. Diese Behandlung beginnen Sie oberhalb der Wirbelsäule und dehnen sie bis zu den Schlüsselbeinen aus.

Pfefferminzöl, leicht in die Schläfen einmassiert, wirkt entspannend. Man sollte dabei die Augen schließen, damit sie von den Dämpfen nicht gereizt werden.

Kalte Kirschsteinsäckchen für den Kopf

- Das Kirschkernkissen im Tiefkühlfach 1/2 Stunde lang abkühlen lassen.

▶ Von der rechten oder linken Schläfe langsam walkend über das Gesicht und wieder zurück massieren. Das wird mehrmals wiederholt. Dann vom Kinn bis hoch zur Stirn massieren und das ebenfalls mehrmals wiederholen.

Verspannungen können auch mit Yoga oder der Feldenkrais-Methode abgebaut werden.

Was sonst noch hilft

▶ **Dehnung:** Die Hände auf dem Hinterkopf falten und den Kopf nach vorne ziehen. Dabei am besten stehen oder aufrecht sitzen. So weit ziehen, bis die Dehnung im Nacken deutlich zu spüren ist.
▶ **Ätherische Öle:** 6 Tropfen Bergamotte, 4 Tropfen Muskatellersalbei, je 1 Tropfen Angelika und Melisse auf 50 Milliliter Lavendelhydrolat geben, mischen und für die Kopfmassage verwenden.

Den Schlaf fördern

Heiße Kamillenauflage

Eine Auflage oder ein Wickel mit heißem Kamillenaufguss (siehe Seite 7f.) wirkt entspannend und schlaffördernd.

Kalte Socken

Socken (Baumwolle, Leinen) in kaltes Wasser legen, ausdrücken und anziehen, darüber ein paar trockene Wollsocken streifen. Damit ins Bett gehen.

Was sonst noch hilft

▶ **Rosenöle:** Ihnen wird eine ausgleichende und schlaffördernde Wirkung zugesprochen. 1 Tropfen Rosenöl, in die Vertiefung auf der Stirn oberhalb der Nasenwurzel gegeben, kann nervöse Unruhe dämpfen und für wohligen Schlaf sorgen.

Erkältungen und Infektionen

Erkältungen und grippale Infekte sind die Folgen einer Virusinfektion der oberen Atemwege. Unterkühlung, Stress und ein geschwächter Allgemeinzustand verringern die Abwehrkräfte gegen Viren.

Kalte Füße

Kalte Füße sind der sicherste Weg, sich eine Erkältungskrankheit zu holen. Davor haben unsere Großmütter immer gewarnt – zu Recht, wie wir heute wissen (siehe Seite 51).

Kirschkernkissen

Bei Erkältungswetter heiße Kirschsteinsäckchen mit ins Bett nehmen und sie zwischen die Füße legen (hilft auch als Schlafmittel). Tagsüber kalte Füße auf den heißen Säckchen wärmen, damit die Zehen massieren und so die Durchblutung anregen.

Was sonst noch hilft

▶ **Ansteigendes Fußbad:** Bei starker Auskühlung empfiehlt sich ein ansteigendes Fußbad, damit der Körper wieder warm wird. Über die Füße erwärmt sich der gesamte Organismus bis hinauf in den Kopf.
Einen Eimer oder eine tiefe Schüssel mit etwa 35 °C heißem Wasser füllen. Heißeres Wasser bereithalten. Die Beine sollten anfangs bis über die Knöchel im Wasser stehen. Jetzt heißes Wasser nachfüllen, bis die Waden bedeckt sind. Die Temperatur wird durch das eigene Wohlbefinden bestimmt. Sie sollte möglichst hoch sein, aber angenehm bleiben. Nach etwa 12 bis 15 Minuten Füße trocken rubbeln, warme Wollsocken anziehen, Beine hochlegen und eine Wolldecke darüber breiten.

Vermeiden Sie vor der Nachtruhe schwere Mahlzeiten und psychische Belastungen. Solche Anstrengungen für das Verdauungssystem bzw. die Seele stören nicht nur den Schlaf – unter der mangelnden Erholung leidet auf Dauer auch das Immunsystem.

Husten und Bronchitis

Zwiebelwickel

Rohe Zwiebeln enthalten den Pflanzenfarbstoff Querzetin, der allergische Reaktionen dämpft.

Zwiebeln sind ein unentbehrliches Gewürz in der Küche und eine preiswerte erste Hilfe bei vielen Beschwerden. Sie töten Bakterien ab und enthalten neben vielen anderen Wirkstoffen ätherische Öle, die heilend und schmerzlindernd wirken. Der Schwefelgehalt regt den Stoffwechsel spürbar an. Zwiebeln ziehen krank machende Substanzen an sich; sie stoppen Juckreiz und Schwellungen.

▶ 2 mittelgroße Zwiebeln in feine Scheiben schneiden und auf einem dünnen Baumwolltuch in der Mitte anhäufen. Dann werden die Zwiebelringe so verteilt, dass sie später die Brust bedecken können. Die Ränder des Tuchs von allen vier Seiten einschlagen und mit Pflaster verkleben.

▶ Den Wickel heiß machen: auf einem Topf mit leicht kochendem Wasser, wobei der Deckel umgekehrt aufliegt, oder im Backofen auf Alufolie.

Ob Zwiebelwickel oder Zwiebelsäckchen – in jedem Fall müssen Sie nach Abschluss der Anwendungen gründlich lüften und gegebenenfalls die Betten neu beziehen.

▶ Den Wickelinhalt mit dem Teigroller oder der flachen Hand quetschen, damit das Tuch sich mit Zwiebelsaft vollsaugt.
▶ Den Wickel auf die Brust legen und den Oberkörper mit einem zweiten Tuch umwickeln. Zugedeckt 3 bis 4 Stunden einwirken lassen, eventuell auch über Nacht.

Schmalzauflage bei trockenem Husten

▶ Ein festes Baumwolltuch auf Brustbreite falten. Eine Seite etwa 3 Millimeter dick mit Schweineschmalz bestreichen.
▶ Die fette Seite auf die Haut legen, mit einem größeren Tuch abdecken oder auch ein Wickeltuch umlegen. Als Auflage 2 bis 4 Stunden, als Wickel über Nacht wirken lassen.

Steil ansteigendes und hohes Fieber signalisiert in der Regel eine echte Grippe. Die ist im Gegensatz zum grippalen Infekt nicht ganz ungefährlich. Gehen Sie also im Zweifelsfall lieber zum Arzt!

Ingwerauflage gegen Bronchitis

▶ 3 Esslöffel pulverisierten Ingwer in 1/2 Liter heißes, aber nicht ganz kochendes Wasser einrühren.
▶ Ein mehrfach gefaltetes Baumwolltuch darin einweichen. Gut ausdrücken und direkt auf die Haut legen. Mit einem weiteren Baumwolltuch abdecken oder ein Wickeltuch umlegen.
▶ Jetzt noch ein heißes Kirschsteinsäckchen auflegen (100 bis 120 °C) und mit einer leichten Wolldecke zudecken. Mindestens 45 Minuten einwirken lassen. (Statt Ingwer kann auch Senf – für einen stärkeren Reiz – angewendet werden, siehe Seite 35.)

Bienenwachswickel bei Reizhusten

Dieser schleimlösende und reizstillende milde Wickel lässt sich am einfachsten mit einer fertigen Wickelauflage aus der Apotheke handhaben. Bienenwachswickel können die ganze Nacht über anbehalten werden. Sie vermitteln ein Gefühl der Geborgenheit und wirken schlaffördernd. Wer sein eigenes Wachs verwenden will, sollte so vorgehen:

- Bienenwachs im Wasserbad verflüssigen.
- Ein Baumwolltuch auf etwa 15 mal 25 Zentimeter zuschneiden, 3- bis 4-mal in das heiße Wachs tauchen, abtropfen lassen und auf eine Leine hängen, bis das Bienenwachs trocken ist. Dann wird das wachsgetränkte Tuch in eine Folie verpackt.
- Das Wickeltuch und die Wachsauflage kurz auf einem heißen Kirschsteinsäckchen anwärmen (mehrfach wenden). Dabei darauf achten, dass das Wachs nicht herausläuft.
- Die Folie entfernen und die Wachsauflage auf die Brust legen, sofort umwickeln und mit dem heißen Säckchen warm halten (wichtig, damit das Wachs lange weich bleibt).
- Zur Verstärkung der Wirkung kann eine weitere Bienenwachsauflage gleichzeitig auf dem Rücken angebracht werden. Die Auflagen sind übrigens mehrfach verwendbar.

Eine Bronchitis beginnt mit Brennen in der Brust und trockenem, schmerzhaftem Reizhusten.

Johanniskrautwickel

- Ein Baumwolltuch mehrfach auf Größe des Brustkorbs falten.
- 7 bis 12 Tropfen Johanniskrautöl darauf verteilen. Dann auf die Brust legen und mit einem Wickeltuch fixieren. Der Johanniskrautwickel kann mehrere Stunden (eventuell auch über Nacht) am Körper belassen werden.

Quarkwickel

Auch Quark hat sich in Form eines Brustwickels gegen Husten sehr bewährt, denn er leitet Entzündungssubstanzen ab. Deshalb bringt er bei Husten Erleichterung, löst Schleim und Krämpfe in den Bronchien.

- Ein Baumwolltuch auf Größe des Brustkorbs falten. Mit zimmerwarmem Quark etwa fingerdick bestreichen (eventuell den Quark vorher auf Körpertemperatur erwärmen, vor allem bei schwachen Patienten).
- Auf die Brust legen und den gesamten Oberkörper umwickeln. Zur langsamen weiteren Erwärmung noch ein Kirschsteinsäckchen (ca. 90 °C) auflegen und eine Wolldecke darüber breiten.

Kohlauflage

Bei entzündlichen Prozessen in den Atemwegen, wie sie mit Bronchitis und Husten einhergehen, hilft ausgezeichnet eine Kohlauflage bzw. ein Kohlwickel (siehe Seite 57).

Bei Bronchitis sollte man sich möglichst in warmen, aber nicht überheizten Räumen aufhalten und sich viel Ruhe gönnen.

Was sonst noch hilft

- **Johanniskrautmilch:** 1 Esslöffel Johanniskraut mit 1 großen Tasse Milch aufkochen, 1 bis 2 Minuten ziehen lassen, abseihen und mit Honig süßen. Diese Johanniskrautmilch wirkt vor allem dem Hustenreiz entgegen bzw. verhindert ihn.
- **Ätherische Öle:** Ein Schälchen mit heißem Wasser auf die Heizung stellen und ätherische Öle einträufeln. Oder: Feuchte Tücher aufhängen, die mit Ölen beträufelt sind. So wird gleichzeitig die Raumluft befeuchtet, was bei Erkältungskrankheiten sehr wichtig ist.
- **Viel trinken:** Speziell bei Reiz- und Krampfhusten helfen Tees aus Alantwurzel, Anisfrüchten, Dostkraut, Eibischwurzel, Huflattichblättern, Isländisch Moos, Queckenwurzeln, Sonnentaukraut und Thymiankraut. Die beiden Letztgenannten sind auch bei Keuchhusten ganz besonders zu empfehlen.

Die allgemeine Luftverschmutzung, aber auch zu trockene Raumluft reizen die Bronchialschleimhäute zusätzlich.

▶ **Saft des schwarzen Rettichs:** Er kann bei Husten und Katarrh wahre Wunder bewirken, indem er den Schleim löst. Einen großen schwarzen Rettich (Winterrettich) waschen, den »Deckel« abschneiden (wird noch gebraucht) und den Rettich aushöhlen. Jetzt den Hohlraum mit Honig auffüllen und den Deckel wieder darauf setzen. Etwa 2 Stunden ziehen lassen. 1 bis 2 Esslöffel (Babys maximal 1 Teelöffel) werden bis zu 4-mal pro Tag eingenommen.

▶ **Hustenbier zur Hustenlinderung und als Schlafmittel:** 1/2 Liter dunkles oder helles Bier erhitzen (nicht kochen) und 4 bis 5 Esslöffel Honig einrühren. Heiß trinken, danach einige Zeit zugedeckt ruhen.

▶ **Zwiebelhustensaft:** 1 bis 2 Zwiebeln klein hacken, 150 Gramm Zucker darüber streuen, in einer Schüssel vermengen. Einige Stunden stehen lassen, dann den Saft auspressen. Als Dosis empfiehlt sich pro Stunde etwa 1 Teelöffel. Oder zur schnelleren Zubereitung: Zwiebeln vierteln, mit Kandiszucker versetzt 15 Minuten dämpfen. Der Saft wird eingenommen, kann aber auch – noch heiß – in Flaschen zur Vorratshaltung abgefüllt werden.

Weitere Zusätze für Brustwickel

- 1/4 Liter Obstessig auf 1/2 Liter heißes Wasser
- 2 gehäufte Esslöffel Salz auf 1 Liter heißes Wasser
- Saft von 1 Zitrone auf 1/2 Liter heißes Wasser
- Kamillentee
- 1 Esslöffel Honig mit 5 Tropfen ätherischem Öl vermischen und in 1/2 Liter Wasser auflösen. Empfehlenswerte Öle sind Thymian, »Rosengarten«, Eukalyptus, Majoran, Sandelholz, Lavendel, Anis, Salbei, Zitrone, Pfefferminze

▶ **Zwiebeltee:** 1 Zwiebel in Scheiben schneiden und ca. 5 Minuten in 1/2 Liter Wasser kochen. Abseihen und mit Honig süßen. Erwachsene können etwa 3 bis 4 Tassen pro Tag trinken. Besonders wirksam ist der Zwiebeltee, wenn Sie noch zusätzlich 1 Teelöffel Eibischsirup (sehr stark schleimlösend) pro Tasse zufügen.

Wer häufiger als einmal jährlich an Bronchitis erkrankt, muss sich vorsehen, dass die Beschwerden nicht chronisch werden.

Schnupfen

Wenn die Nase tropft, verstopft ist oder grünliches Sekret absondert, dann können kleine, heiße Auflagen dazu beitragen, Schleim und Schmerzen loszuwerden.

Leinsamensäckchen mit Kirschkernkissen

▶ Dazu braucht man 8 Stofftaschentücher und etwa 300 Gramm frisch gemahlenen (geschroteten) Leinsamen. Den Leinsamen mit ca. 1/2 Liter Wasser zu einem Brei kochen, fingerdick auf die Mitte der Taschentücher streichen und die Ränder so umlegen, dass längliche Päckchen entstehen.

▶ Das erste Päckchen heiß auf die Nase legen, die anderen im Backofen oder zwischen zwei heißen Kirschsteinsäckchen heiß halten und nacheinander auflegen, sobald eines kalt geworden ist, was meist nach 4 bis 5 Minuten der Fall sein wird.

▶ Um sie länger heiß zu halten, kann man zusätzlich ein im Ofen oder in der Mikrowelle aufgeheiztes Kirschsteinsäckchen auflegen. Das Warmhalten der Auflagen lässt sich auch dadurch erreichen, dass man sie in ein Sieb legt und dieses über einen Topf mit heißem Wasser oder mit Heiltee (Thymian, Sonnentau) hängt.

▶ Wenn gerade kein Leinsamen zur Hand ist, können auch heiße, zerdrückte Kartoffeln in die Taschentücher gepackt werden. Kartoffeln wirken entgiftend und schmerzlindernd.

▶ Die Nasenauflagen sollten nur 1-mal verwendet werden. Aufgewärmt sind sie deutlich weniger wirksam als frisch.

Zwiebelwickel für die Füße

Da die oberen Luftwege in sehr enger Verbindung mit den Reflexzonen der Fußsohlen stehen, eignet sich ein Zwiebelwickel für die Füße ganz besonders bei hartnäckigem Schnupfen und Nebenhöhlenentzündungen.

Ein leichter Schnupfen hat auch seine Vorteile: Er aktiviert die Abwehrkräfte gegen schwerere grippale Infekte.

▶ Pro Fuß 1 große oder 2 mittlere Zwiebeln klein schneiden und auf dünne Baumwolltücher legen. Die Ränder so umschlagen, dass die Auflage etwas größer ist als der Fuß. Mit Pflaster verkleben.

▶ Im Backofen oder auf einem Topf mit heißem Wasser im umgekehrt aufgelegten Deckel erwärmen.

▶ Dann mit dem Teigroller oder der Faust die Zwiebeln zerquetschen, so dass möglichst viel Zwiebelsaft vom Tuch aufgenommen wird.

▶ Auf die Fußsohlen legen und dicke Wollsocken überziehen. Die Zwiebelsocken können über Nacht getragen werden. Es empfiehlt sich, eine Wärmeflasche oder ein heißes Kirschsteinsäckchen mit ins Bett zu nehmen, damit die Füße warm bleiben.

Was sonst noch hilft

▶ **Physiologische Kochsalzlösung:** Die 0,9-prozentige Kochsalzlösung aus der Apotheke zur Abschwellung der Schleimhäute in die Nase träufeln.

▶ **Inhalieren mit Meersalzlösung** (3 Esslöffel auf 2 Liter heißes Wasser): Das Gesicht über den salzigen Wasserdampf halten, mit einem Handtuch über dem Kopf. Etwa 15 Minuten tief atmen. Statt Meersalz eignet sich auch Kamillenaufguss (1 Hand voll für die angegebene Wassermenge).

- **Nasenöl für freie Atmung:** 15 Milliliter Aloe vera (Aloesaft mit Sojaöl) und 25 Milliliter Jojobaöl mischen, dann ätherische Öle zugeben und verrühren: 5 Tropfen Cajeput und je 2 Tropfen Teebaum, Angelika und Lavendel.
- **Inhalation mit ätherischen Ölen:** Eine Mischung aus je 10 Tropfen Zeder, Cajeput, Lavendel, Kiefer und Teebaum herstellen. Davon etwa 3 Tropfen auf 1 Liter heißes Wasser geben, dann 10 Minuten unter einem Leinenhandtuch inhalieren.
- **Gesichtsmassage mit ätherischen Ölen:** Auf 50 Milliliter Olivenöl je 4 Tropfen Eukalyptus, Pfefferminze, Kiefer und Lavendel geben. Gut mischen und einige Tropfen zum Einreiben des Gesichts verwenden, aber nicht in die Augen bringen.
- **Ätherische Öle:** 3 Tropfen Lavendel, 2 Tropfen Angelika, 2 Tropfen Teebaum, 3 Tropfen Cajeput mit 10 Milliliter Aloe-vera-Öl und 20 Milliliter Jojobaöl mischen. Mit einem Wattestäbchen oder dem kleinen Finger in die Nasenschleimhaut einmassieren. Mehrmals täglich wiederholen.

Wenn der Schnupfen länger als sieben Tage andauert, kann die Infektion sich in die Nasennebenhöhlen und auf die tieferen Atemwege ausgebreitet haben.

Halsentzündungen

Bei Erkältungskrankheiten sind oft die Luftwege besonders angegriffen. Ein trockener, rauer Hals, der sich leicht entzündet und dann anschwillt und schmerzt, ist die Folge.

Gerade bei Halsschmerzen steht oft nicht im Voraus fest, ob nun Wärme oder Kälte hilft. Man muss es im Zweifelsfall austesten, z. B. mit kaltem und heißem Tee. Eine beginnende Entzündung spricht meist auf Kälte an, der Entzündungsherd wird eingedämmt und beruhigt, die Schmerzen lassen nach. Bei schon länger bestehenden Entzündungen ist es in der Regel umgekehrt.

Dann können Sie alle bisher beschrieben Materialien (Kohl, Bienenwachs, Leinsamen, Zwiebeln) für warme Halswickel verwenden. Nasennebenhöhlen- oder gar Stirnhöhlenentzündungen dürfen niemals mit Kälte behandelt werden.

Halsentzündungen können höchst unterschiedliche Ursachen haben, beispielsweise einen Schnupfen, der sich zum Rachenkatarrh ausgeweitet hat, eine Virusinfektion der Rachenschleimhaut oder einen Bakterien- oder Virusbefall der Mandeln. Auch Überanstrengung, Angst und zu starker Zigarettenkonsum können Ursachen sein. Bei so vielen Möglichkeiten ist es kein Wunder, dass die meisten handelsüblichen, rezeptfreien Halsmittel laut Stiftung Warentest so gut wie nichts helfen. Bei Virusinfektionen sind sogar Antibiotika machtlos. Deshalb ist es ratsam, die vielfältigen Hausmittel zu nutzen, die für Linderung sorgen können. Im Zweifelsfall, wenn die Beschwerden länger als zwei bis drei Tage dauern, ohne sich zu bessern, und wenn Fieber dazukommt, sollte der Arzt aufgesucht werden.

Unter Mandelentzündungen leiden meist Kinder: Der Hals schmerzt stark, das Schlucken fällt schwer, Fieber und Kopfschmerzen kommen hinzu.

Zitronenwickel bei Mandelentzündung

Auch bei Mandelentzündung kann in einem bestimmten Stadium Wärme gut tun.

- Entweder 1 Zitrone im heißen Wasser ausdrücken, oder die eingewickelten Zitronenscheiben über einem Topf mit kochendem Wasser erhitzen (Deckel umgekehrt auflegen) und danach kurz auspressen.
- Der heiße Wickel bleibt so lange um den Hals gelegt, bis er abgekühlt ist, also etwa 20 bis 40 Minuten.

Kalte Umschläge

Selbst wenn überhaupt keine Materialien zur Verfügung stehen, etwa unterwegs, sollten Sie den entzündeten Hals kühlen – natürlich nur, wenn Sie das als angenehm empfinden.

- Dazu können Sie ein Taschentuch, einen Schal, ein Handtuch oder ein Baumwollunterhemd in kaltes Wasser tauchen und um den Hals legen.
- Wenn der Behelfswickel sich erwärmt, abnehmen (sonst wird das Gegenteil erreicht) und je nach Bedarf mehrmals erneuern.

Lautes Sprechen bzw. Schreien begünstigt den Befall der Rachenschleimhaut mit Viren.

Wickel mit verdünntem Zitronensaft

Dieser wärmeentziehende Halswickel ist auch für Kinder geeignet.

- 1 ungespritzte Zitrone einritzen und in 1/2 Liter kaltem Wasser auspressen – am besten unter der Wasseroberfläche, damit das ätherische Öl aus der Schale sich nicht verflüchtigt.
- Ein Baumwolltuch so schmal zusammenfalten, dass es um den Hals passt. Im Zitronenwasser tränken, ausdrücken und um den Hals legen. Mit einem trockenen Tuch umwickeln.
- Der Zitronenwickel sollte nach etwa 1/2 Stunde abgenommen werden, weil er sich dann erwärmt hat und seine Wirkung verliert.

Wickel mit unverdünntem Zitronensaft

- 1 (ungespritzte!) Zitrone in Scheiben schneiden, dachziegelartig in der Mitte des Wickeltuchs aufschichten.
- Dann die Ränder umschlagen und mit dem Teigroller oder der Faust die Scheiben im Tuch auspressen, so dass sich der Stoff mit Saft vollsaugt.
- Diesen Wickel nur etwa von Ohr zu Ohr um den Hals legen. Falls Juckreiz auftritt, den Wickel abnehmen. Ansonsten soll er bis zu 40 Minuten einwirken.

Quarkwickel

Er wirkt abschwellend, entzündungsmindernd und schmerzlindernd. Bei Angina bringt er eine spürbare Erleichterung. Der Quark – gleich ob normaler oder Magerquark – sollte nicht aus dem Kühlschrank kommen, sondern etwa Zimmertemperatur haben.

▶ Den Quark fingerdick (bei Kindern nur halb so dick) auf ein Baumwolltuch streichen.

▶ Die Ränder einschlagen und den Wickel mit der glatten Seite um den Hals legen. Mit einem trockenen Tuch abdecken und dann einen Schal umbinden. Den Wickel 1 bis 2 Stunden belassen, bis der Quark zu trocknen beginnt. Eventuell 2-mal pro Tag anwenden.

Durch regelmäßige Inhalationen werden nicht nur die Atemwege befeuchtet, sondern auch fest sitzende Sekrete in den Bronchien aufgelöst.

Kartoffelwickel

Kartoffeln sind bei Halsentzündungen gut geeignet: Die zerquetschten Kartoffeln ins Wickeltuch einschlagen und umlegen. Dann ein zweites Tuch und den Schal umbinden.

Was sonst noch hilft

▶ **Gurkensaft:** Den Saft frisch pressen, Honig erst kurz vor dem Trinken untermischen und dann in kleinen Schlucken einnehmen.

▶ **Kälte:** Konsequent Kälte anwenden, wenn damit Linderung erzielt wird, beispielsweise mit dem Kirschsteinsäckchen aus der Gefriertruhe. Es gibt die Säckchen inzwischen auch in Hörnchenform, so dass sie passgenau um den Hals herumgelegt werden können.

▶ **Eis:** Auch Eis essen kann ein probates Mittel sein. Allerdings sollte man darauf achten, dass möglichst keine Fruchtsäuren enthalten sind, die den Hals zusätzlich reizen. Besser Milcheis wählen.

▶ **Inhalieren:** Auf 1 Liter Wasser je 2 Tropfen der ätherischen Öle von Thymian, Muskatellersalbei und Eukalyptus geben. Eine andere Möglichkeit: 2 gehäufte Esslöffel Salbeiblätter in einer Schüssel mit 1 Liter kochendem Wasser überbrühen. Ein Handtuch über den Kopf ziehen und die Dämpfe gut 10 Minuten einatmen, am besten abwechselnd durch Mund und Nase. Mehrmals täglich wiederholen.

▶ **Gurgeln:** Es kann die Rachenschleimhäute von üblen Belägen reinigen. Wenn entsprechende Zusätze gegeben werden, dämmt Gurgeln auch sehr gut Entzündungen ein.

Gurgeln gegen Mundgeruch: Je 1 Tropfen Thymian, Myrrhe und Pfefferminze mit 1/2 Liter Wasser mischen.

▶ 100 Milliliter Salbeihydrolat aus dem Reformhaus oder der Apotheke mit je 6 Tropfen der ätherischen Öle von Lavendel und Pfefferminze sowie je 2 von Thymian, Zitrone und Bergamotte mischen. Von dieser Mischung 1 Teelöffel auf 1/2 Glas lauwarmes Wasser geben und ausgiebig damit gurgeln, also mindestens 2 Minuten. Das Gurgelmittel danach nicht schlucken, sondern ausspucken.

Vorbeugen und heilen mit Wein

Der amerikanische Wissenschaftler S. Cohen hat in einer Studie nachgewiesen, dass ein geringer, regelmäßiger Weingenuss das Risiko von Erkältungskrankheiten um bis zu 65 Prozent mindert. In der Volksmedizin wurde Wein schon immer als ein besonders wirksames Mittel gegen Erkältungskrankheiten betrachtet. Wein tötet Bakterien und sogar Viren ab und hilft damit gegen Schnupfen, Husten, grippale Infekte und Halsweh. Ein kalter trockener Weißwein zum Gurgeln oder langsam getrunken kann die Halsbeschwerden rasch mildern (vor allem bei akuten Entzündungen).

Das Bienenkittharz Propolis hilft bei Halsschmerzen und Heiserkeit: 20 Tropfen Propolistinktur (Apotheke) in 1 Glas lauwarmes Wasser geben und gurgeln.

- 10 Tropfen Teebaumöl in ein Glas lauwarmes Wasser geben. Nach dem Gurgeln ausspucken.
- Blutwurzpulver ist entzündungshemmend und sorgt dafür, dass ein trockener Hals wieder von feuchtem Sekret überzogen wird. 2 Teelöffel Blutwurzpulver in 1/4 Liter Wasser aufkochen. Dann vom Herd nehmen und 10 Minuten ziehen lassen. Den Tee abseihen und damit stündlich lauwarm gurgeln.
- Alle 2 Stunden mit zimmerwarmer Molke (aus dem Reformhaus) gurgeln.
- 1/2 Teelöffel Salz auf ein Glas leicht temperiertes Wasser geben. Wenn das Salz vollständig gelöst ist, gurgeln. Dieses Rezept ist alterprobt: Die Salzlösung wirkt abschwellend.
- 1 gehäuften Teelöffel Salbeikraut mit 1/4 Liter kochendem Wasser aufbrühen, 10 Minuten ziehen lassen und abseihen. Nach dem Abkühlen ausgiebig gurgeln. Öfter wiederholen.
- Salbeitee mit Honig und Zitronensaft würzen und ausgiebig damit gurgeln.
- 1 gehäuften Esslöffel Arnikablüten mit 1/4 Liter kochendem Wasser aufbrühen, 10 Minuten ziehen lassen und abseihen. Nach dem Abkühlen so oft wie möglich damit gurgeln.
- 1 Teelöffel Salz (am besten Meersalz) mit dem Saft von 1 Zitrone in 1 Glas leicht temperiertem Wasser auflösen. Mehrmals täglich damit gurgeln.
- 1 Esslöffel Honig mit 1 Esslöffel Obstessig in 1 Glas lauwarmes Wasser geben. Im Abstand von 1 bis 2 Stunden damit gurgeln.
- Weitere bewährte Gurgelmittel sind Eichenrinde, Eibischwurzel, Kamillenblüten, Odermennigkraut, Sanikelkraut und Ysopkraut (wirkt ähnlich wie Salbei, aber etwas schwächer).

Ohrenschmerzen

Wenn das Ohr schmerzt, handelt es sich fast immer um eine Entzündung im Mittelohr. Ursachen sind häufig Schnupfen und Halsentzündungen, die auf das Ohr übergegriffen haben. Manchmal wird die Erkrankung auch durch Zugluft oder kalte Füße hervorgerufen. Wenn Ohrenschmerzen länger als ein bis zwei Tage dauern, wenn sie zunehmen und vor allem, wenn sie von Fieber begleitet werden, sollte unbedingt ein Arzt aufgesucht werden.
Als Hausmittel dienen vor allem warme Wickel und Auflagen. Aber Vorsicht ist geboten: Ein entzündlicher Prozess kann dadurch sogar noch angeheizt werden. Oft bricht dann am zweiten Tag das Trommelfell durch, was sofort Erleichterung verschafft, weil Schleim und Eiter abfließen können. Die Schmerzen hören dann meist auf, die Heilung beginnt.

Heftige, pulsierende Ohrenschmerzen, Fieber und schlechtes Hören weisen auf eine Mittelohrentzündung hin.

Kirschsteinsäckchen

Das Kirschkernsäckchen nicht über 50 °C erwärmen, auflegen und genau darauf achten, wie sich die Beschwerden entwickeln. Wenn die Schmerzen zunehmen und am zweiten Tag keine spürbare Besserung eingetreten ist, zum Arzt gehen.

Kamillenkissen

- 1 Hand voll getrocknete Kamillenblüten in dünne Taschentücher einschlagen oder in Mullfingerlinge aus der Apotheke füllen.
- Trocken um die Ohren legen. Schal umbinden und eine Mütze aufsetzen.
- Bei Bedarf – und wenn es gut tut – ein heißes Kirschsteinsäckchen abwechselnd anpressen.

Kräuterkissen

▶ Auf die gleiche Weise wie das Kamillenkissen kann für jedes Ohr ein Kissen mit einer Mischung von Thymian, Oregano und Salbei angefertigt werden.

Kinder werden häufiger von Ohrenentzündungen heimgesucht, weil bei ihnen die Kanäle vom Rachen zum Mittelohr kürzer sind.

Homöopathisches Pflaster

Zur Schmerzlinderung eignet sich das homöopathische Kantharidenpflaster, das Sie in der Apotheke erhalten. Es wird ein kleiner Fleck auf den Ohrknochen (hinter dem Ohr) aufgeklebt. Dort entsteht nach einem halben Tag eine Blase, die dann aufgestochen und mit Pflaster und Creme verarztet wird.

Zwiebelwickel

▶ 2 Zwiebeln klein schneiden, leicht anwärmen, in ein Tuch einrollen und so pressen, dass Saft austritt. Dann

Ein Nudelholz aus Marmor oder Kunststoff ist besser geeignet, den Kohl weich zu quetschen, als eines aus Holz: Es nimmt selbst nichts vom Saft auf.

über die Ohrregion legen. Nach einigen Minuten eine neue Kompresse anfertigen und mit dem anderen Ohr ebenso verfahren.

- Sehr praktisch sind Fingerlinge aus Mull, die es in Apotheken gibt. Man kann sie mit Zwiebeln füllen, pressen und um das Ohr herumlegen. Jetzt noch einen Schal um den Kopf binden und eine Mütze aufsetzen.

Kohlauflage

- 2 bis 3 Kohlblätter von den harten Rippen befreien, auf einer nicht saugenden Unterlage (Plastik, Blech) mit einer Glasflasche quetschen. Praktisch ist auch ein Teflonteigroller, der im Gegensatz zu Holz nicht saugt.
- Den Kohlbrei in ein Baumwolltuch einpacken, eventuell anwärmen (mit Föhn, Bügeleisen oder über Wasserdampf) und auf das Ohr legen. Das andere Ohr genauso behandeln. Schal umbinden, Mütze aufsetzen.

Ohrenauflagen sollten mit einem um den Kopf gewickelten Schal und einer Mütze fixiert werden.

Auflage mit Johanniskrautöl

- Einige Tropfen des Öls auf 2 schmal gefaltete Taschentücher geben.
- Mit der öligen Seite hinter die Ohren legen. Schal umbinden, Mütze aufsetzen und – wenn es angenehm ist – mit einem heißen Kirschsteinsäckchen die Ohrenauflagen abwechselnd wärmen.

Auflage mit ätherischen Ölen

- 12 Tropfen Kamillenöl und 6 Tropfen Lavendelöl in 50 Milliliter Olivenöl mischen.
- 2 schmal gefaltete Taschentücher mit der Mischung beträufeln, mit der öligen Seite hinter die Ohren legen, Schal umbinden, Mütze aufsetzen und bei Bedarf die Ölauflagen mit einem heißen Kirschsteinsäckchen im Wechsel wärmen.

Was sonst noch hilft

Nehmen Sie bei Ohrinfektionen viel Flüssigkeit in Form von Mineralwasser und Kräutertee zu sich, und zwar in kleinen Schlucken: Durch die Schluckbewegungen entleeren sich die Verbindungsröhren zwischen Rachen und Mittelohr besser.

- **Teebaumölpropfen:** 4 Tropfen Teebaumöl in 1 Esslöffel Olivenöl träufeln, auf Körpertemperatur erwärmen. Von der Mischung 2 bis 3 Tropfen auf einen Wattebausch geben und ihn vorsichtig in den Gehörgang schieben. Nach einigen Stunden erneuern.
- **Schräglage:** Den Kopf grundsätzlich hochlegen! Am besten ein Dinkelkissen unterlegen, damit die verstopften Ohrgänge wieder freilaufen.
- **Kamillenspülungen:** Sie dürfen nur nach Absprache mit dem Arzt durchgeführt werden. 1 Esslöffel Kamillenblüten mit 1/4 Liter kochendem Wasser übergießen und 10 Minuten ziehen lassen, abseihen und nach dem Abkühlen die lauwarme Flüssigkeit in das erkrankte Ohr einträufeln. Nach einigen Minuten den Kopf so neigen, dass der Kamillensud wieder herauslaufen kann. Zum Abschluss einen Wattebausch einführen.
- **Kochsalz:** Alle 2 Stunden einige Tropfen physiologische Kochsalzlösung (0,9-prozentig, d. h. 9 Gramm Salz pro Liter Wasser) in die Nase einträufeln, damit die Verbindung zwischen Rachen und Ohr frei wird und ein Druckausgleich stattfinden kann. Auf diese Weise wird das Mittelohr frei von Entzündungssekreten.

Nebenhöhlenentzündungen

Bei Erkältungskrankheiten der Luftwege sind manchmal auch die Stirn- und Kieferhöhlen angegriffen. Ein Gang zum Arzt ist zwingend. In Absprache mit ihm können Hausmittel aber die Therapie unterstützen.

Nackenauflage mit Meerrettich

Eine Auflage mit Meerrettich kommt infrage bei Stirn- oder Kieferhöhlenentzündungen. Allerdings darf sie nicht auf die betroffenen Stellen selbst gelegt werden, sondern nur auf die Nackenregion. Es ist vor allem das im Meerrettich enthaltene Senföl (Allylsenföl), das eine starke Durchblutungssteigerung bewirkt, und zwar in der gesamten Kopfregion. Der Meerrettich darf allerdings nicht ins Auge gelangen, denn sonst kommt es zu gefährlichen Reizungen.

- 1 frische Meerrettichstange reinigen (nur waschen, nicht schälen) und reiben.
- Die Masse fingerdick auf ein dünnes Taschentuch streichen. Die Ränder übereinander legen und mit Pflaster verkleben.
- Mit der glatten Seite in den Nacken packen und ein Handtuch darüber legen, das die aufsteigenden Dämpfe einfängt. Etwa 5 bis 10 Minuten einwirken lassen.
- Danach die gerötete Haut einölen und mit einem leichten Schal bedecken. Frühestens nach 1/2 Stunde ins Freie gehen.

Bei chronischen Entzündungen der Nasennebenhöhlen muss untersucht werden, ob eine angeborene Verkrümmung der Nasenscheidewand bzw. eine Verengung der ableitenden Gänge vorliegt.

Leinsamenauflage

Diese Anwendung (siehe Seite 61) eignet sich ganz besonders gut als Kompresse direkt auf Stirn- und Kieferhöhlen.

Was sonst noch hilft

- **Ansteigende Fußbäder:** Sie eignen sich als begleitende Stärkungsmaßnahmen bei Nebenhöhlenentzündungen (siehe Seite 69).
- **Zwiebelsocken:** Anwendung siehe Seite 76.

Fieber

Fieber zeigt an, dass die körpereigene Abwehr auf Hochtouren arbeitet – da geht es richtig hitzig zu. Fieber ist also im Prinzip ein positives Zeichen. Allerdings kann es sehr anstrengend sein und, wenn es zu hoch steigt, auch eine Gefahr für den Organismus bedeuten. Deshalb ist es angebracht, das Fieber mit natürlichen Mitteln im Griff zu halten. Anders als mit Tabletten soll das Fieber nicht heruntergedrückt werden, sondern es soll vor allem durch Wickel die überschüssige Wärme abgeleitet werden – denn sie ist es, die für den Organismus gefährlich werden kann.

Scharfe Gewürze wie Knoblauch, Meerrettich und Cayennepfeffer enthalten Substanzen, die das Abschwellen der Schleimhäute und den Abtransport von Schleim fördern.

Kalter Wadenwickel

Er ist das klassische Mittel der Wahl zur Senkung des Fiebers, wenn die Temperatur über 39,5 °C steigt.

- Ein großes Handtuch in kaltes Wasser tauchen, auswringen, straff um die Unterschenkel legen (nur bis zum Knie!) und ein trockenes Tuch umlegen.
- Nach etwa 10 Minuten abnehmen. Eventuell bei Bedarf (Fieber messen!) wiederholen.

Verwenden Sie für die Zwiebelsocken immer das selbe Paar Strümpfe: Sie werden den Geruch so leicht nicht wieder loswerden.

Nasse Socken

Sie sind die einfachste Methode der Wärmeableitung.

▶ Leinen- oder Baumwollsocken in kaltes Wasser tauchen, ausdrücken und feucht anziehen, darüber trockene Wollsocken. Diese Socken können mehrere Stunden – auch über Nacht – angelassen werden.

Schwitzen stärkt die Abwehrkräfte – aber bei akutem Fieber darf man keinesfalls in die Sauna.

Kirschkernkissen

▶ Kirschkernkissen für 1/2 Stunde ins Eisfach legen, herausnehmen und unter die Wade legen.

Frauenbeschwerden

Das Zusammenspiel der weiblichen Hormone reagiert besonders sensibel auf psychische Faktoren. Bei vielen Frauenkrankheiten müssen also die gesamte Verfassung und die seelische Disposition in Betracht gezogen werden. Neben Menstruationsbeschwerden sind Entzündungen der Brust und der Blase weit verbreitet.

Brustentzündung

Das Hormongeschehen im weiblichen Organismus hat einen großen Einfluss auf die Brust, vor allem in der Zeit vor der monatlichen Regel. Es können ziehende Schmerzen und Spannungen in den Brustdrüsen auftreten. Besonders beansprucht werden Brustdrüsen und Brustwarzen bei stillenden Müttern. Nicht selten kommt es zu Entzündungen (Mastitis), die sehr schmerzhaft sein können. Oft werden sie von hohem Fieber begleitet. In solchen Fällen muss unbedingt ein Arzt aufgesucht werden. Unterstützend und in Absprache mit dem Therapeuten können lindernde und heilende Auflagen oder Wickel angelegt werden.

Fußreflexzonenmassage gegen vielerlei Beschwerden

Unsere Füße sind ständig in Bewegung. Selbst wenn wir still zu stehen glauben, balancieren sie unentwegt die Verlagerungen unserer Wirbelsäule aus und sorgen dafür, dass wir nicht aus dem Gleichgewicht geraten. Sie sind durchzogen von unzähligen Nervenenden und halten über das Zentralnervensystem und so genannte Reflexbogen beständig Kontakt mit allen lebenswichtigen Organen unseres Körpers. Diesen Kontakt macht sich die Reflexzonenmassage zur Therapie vieler, insbesondere chronischer Erkrankungen zunutze.

In der alten chinesischen Akupressur- und Akupunkturlehre sind, ebenso wie in der indianischen Volksmedizin der Maya, die Erkenntnisse von der Einteilung des menschlichen Körpers in Zonen oder Meridiane überliefert. Ebenfalls überliefert ist das Wissen darüber, dass Erkrankungen innerer Organe durch die Reizung, Erwärmung und Massage bestimmter Hautpartien positiv beeinflusst werden können.

Die zehn Zonen

In der Reflexzonentherapie wird der Körper in zehn Längszonen eingeteilt, fünf auf jeder Seite der Wirbelsäule. Die Zonen haben ihren Ursprung in den Fingerspitzen der rechten wie linken Hand, laufen die Arme entlang zum Kopf und von dort aus zu den Zehenspitzen und Fußsohlen. Wenn eine dieser zehn Körperzonen auf der Sohle durch Drücken, Streichen oder Kneten gereizt wird, wirkt sich das auf jedes Organ aus, das in derselben Zone liegt.

Die Reflexpunkte

Nach dieser Logik spiegeln sich die einzelnen Organe als Felder oder Punkte auf unseren Fußsohlen wider. Durch Einwirkung auf diese Fußpunkte, durch Ertasten von Schwielen, Knoten, Dellen oder sandartigen Ablagerungen im Unterhaut- und Bindegewebe der Füße sowie durch die Reaktion des Patienten (hohe Berührungs- und Schmerzempfindlichkeit) können krankhafte Veränderungen an den Organen diagnostiziert werden.

Eine Folge von Impulsen oder Reizen entspannt und lockert die Reflexzone.

Dadurch lösen sich nicht nur die getasteten Verhärtungen in der Sohle auf, sondern es stellen sich auch die regulären Verhältnisse in dem aus seinem energetischen Gleichgewicht geworfenen Organ wieder her.

Therapie

Die Fußreflexzonenmassage kann jeder als Selbstbehandlung durchführen. Dazu wird der entblößte Fuß auf den Oberschenkel des anderen Beins gelegt und die Fußsohle so weit es geht nach oben gedreht. Beim linken Fuß stützt man mit der linken Hand den Fußrücken und beginnt mit der rechten die Druckmassage. Dabei bewegt sich der Daumen kreisend aus dem Handballen heraus und verschiebt die Oberhaut gegen das Bindegewebe. Mit sanften Kreisen arbeitet sich der Daumen analog zum Verlauf der zehn Zonen in Bahnen von den Zehenspitzen über Zehenballen, Vorfuß und Mittelfuß in Richtung Ferse. Solche Bahnen werden mehrfach nebeneinander gezogen. Verdickungen, Knoten oder grießartige Ansammlungen zeigen dabei an, dass in den einzelnen Körperorganen Defekte vorliegen, die sich z. B. als Schmerz in der Reflexzone bemerkbar machen können. Dadurch werden Blutkreislauf, Nervensystem und Lymphfluss an der Stelle angeregt – und spiegelbildlich ebenso in dem entsprechenden Körperorgan. Nehmen Sie sich mindestens eine halbe Stunde Zeit, um diese Veränderungen durch Massage zu beeinflussen und damit auch Veränderungen im betroffenen Organ hervorzurufen. Bei Kopfschmerz oder Konzentrationsstörungen sollten Sie die Zehen massieren. Für Lunge und Bronchien ist der Bereich des Ballens zuständig. Als Stimulation für Darm und Blase dienen einige Punkte kurz vor der Ferse.

Der menschliche Körper spiegelt sich nicht nur auf den Fußsohlen, sondern er ist auch von dort aus beeinflussbar.

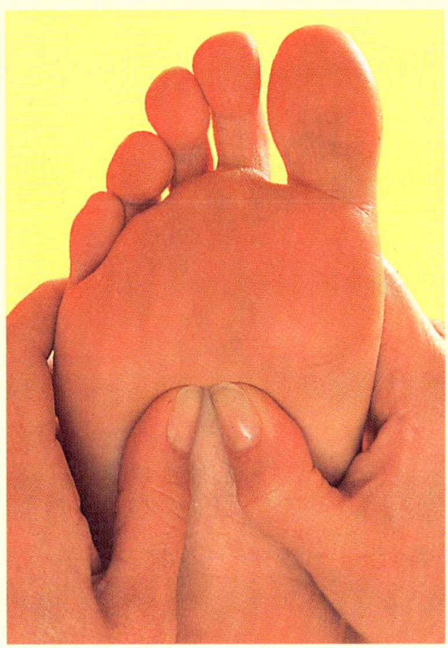

Lavendelauflage

▶ 3 Tropfen ätherisches Lavendelöl, 2 Tropfen Rosenöl und 2 Tropfen Geraniumöl in 100 Milliliter Mandelöl verrühren.

▶ Damit die entzündete Brust sanft einreiben und ein in kaltem Wasser ausgedrücktes sauberes, möglichst keimfreies (vorher heiß gebügeltes) Baumwolltuch darüber breiten. Die Öle wirken entzündungshemmend, das Wasser kühlt.

▶ Wenn die kühle Auflage sich auf der Haut erwärmt, wird sie wieder in kaltes Wasser getaucht und erneuert.

Brustentzündungen können bei abstillenden Müttern durch einen Milchstau entstehen. Salbeitee vermag die Milchproduktion zu drosseln.

Lehmwasserwickel

▶ Lehmpulver zu einem dünnen Brei anrühren. Ein mehrfach gefaltetes Baumwolltuch damit tränken.

▶ Die Brustwarzen mit einem sterilen Tupfer und einem Stückchen Mull abdecken.

▶ Das lehmgetränkte Tuch über die Brust legen, mit einem trockenen und sterilen Baumwolltuch den Oberkörper umwickeln.

▶ Sobald der Lehmwickel sich erwärmt und trocken wird, erneuern (bis zu 3-mal täglich).

Quarkauflage

Hier bedarf es sterilen Verbandmaterials oder heiß gebügelter Baumwolltücher. Auch die Umgebung sollte bei der Zubereitung – genau wie die Hände – möglichst sauber und keimfrei sein, damit die Brust nicht zusätzlich infiziert wird.

▶ Vor dem Anlegen der Quarkauflage sterile Tupfer (Apotheke) auf die Brustwarzen geben.

▶ Den Quark etwa fingerdick auf ein passendes Baumwolltuch streichen.

▶ Ränder umschlagen und mit der glatten Seite auf die Brust legen. Bei der anderen Brust ebenso verfahren. Die gesamte Entzündung muss von der Auflage bedeckt sein.

▶ Einen Büstenhalter anlegen oder – falls der Druck dadurch zu stark ist – ein Tuch um den Brustkorb schlingen, um die Auflagen zu halten.

▶ Nach etwa 20 bis 30 Minuten, wenn der Quark warm und trocken wird, die Auflage erneuern, und zwar bis zu 3-mal täglich, am besten nach dem Stillen.

▶ Ein kaltes Kirschsteinsäckchen verlängert die kühlende Wirkung der Quarkauflage.

Regelmäßiges Einreiben der Brustwarzen mit Ringelblumensalbe schützt vor Entzündungen.

Reizblase

Von Funktionsstörungen der Blase werden vor allem Frauen zwischen 30 und 50 Jahren betroffen – also in der Zeit, in der sie sexuell besonders aktiv sind. Oft handelt es sich um eine so genannte Reizblase. Unter diesem Sammelbegriff werden alle Störungen zusammengefasst, bei denen keine Entzündung vorliegt. Die typischen Anzeichen sind: Schmerzen über der Blase, starker Harndrang, obwohl die Blase keineswegs voll ist, und sehr häufiges Wasserlassen. Für die Reizblase gibt es eine ganze Reihe von möglichen Ursachen: Seelische Belastungen aller Art (etwa Partnerprobleme) oder Östrogenmangel. Manchmal verschwinden die Beschwerden von selbst wieder. In anderen Fällen hilft vor allem Wärme. Die Behandlung mit heißen Auflagen sollte über mehrere Tage mindestens viermal täglich durchgeführt werden.

Heißes Kirschsteinsäckchen

Kirschkernkissen auf etwa 120 °C aufwärmen und auf die Blasenregion legen.

Heublumensäckchen

Das Säckchen (in der Apotheke erhältlich) über Wasserdampf erhitzen und so heiß wie möglich auf die Blasengegend packen.

Silbersalbenauflage

▶ Ein Baumwolltuch oder ein Stück Leinen mit einem Strang Silbersalbe (in der Apotheke erhältlich) von etwa 2 Zentimeter Länge bestreichen und mit der Salbenseite auflegen. 40 Minuten bis maximal 1 Stunde einwirken lassen.

Der Arzt muss klären, ob es sich bei Blasenbeschwerden um eine Reizblase oder eine bakterielle Infektion handelt.

Was sonst noch hilft

▶ **Kürbiskerne:** Sie werden gekaut und tragen zur Normalisierung der Blasenfunktionen bei.

▶ **Ansteigende Fußbäder:** siehe Seite 69. Empfehlenswert ist z. B. ein Fußbad mit Zusatz von Lavendelbademilch: 8 bis 10 Tropfen ätherisches Lavendelöl mit 1 Teelöffel Honig und 1/4 Liter Milch mischen, in einen Eimer mit warmem Wasser geben, das bis zum Knöchel reicht. Langsam mit heißem Wasser auffüllen, bis die Wade bedeckt ist.

Blasenentzündung

Jede sechste Frau in Deutschland leidet mindestens einmal im Jahr an einer Blasenentzündung. Manche Frauen sind besonders anfällig. Normalerweise werden die auslösenden Keime mit dem Urin ausgewaschen. Manchmal sind jedoch die Schleimhäute so beschaffen, dass die Keime daran haften bleiben. Es handelt sich meistens um Kolibakterien aus dem Enddarm, deren Ausbreitung sich auch bei sorgfältigster Hygiene nicht gänzlich verhindern lässt. Die klassische Blasenentzündung tritt oft nach dem Geschlechtsverkehr auf: Die Keime werden praktisch von der Scheide in die Harnröhre einmassiert und gelangen so in die Blase. Aber auch langes Schwimmen und Surfen kann eine Infektion auslösen. Für die Bakterien ist das feuchte Milieu in der Scheide ideal – sie werden dadurch beweglicher und gelangen noch leichter in die Blase. Eine Blasenentzündung muss vom Arzt untersucht und notfalls mit Antibiotika behandelt werden, bevor die Nieren in Mitleidenschaft gezogen werden. Es gibt aber auch eine Reihe von Maßnahmen, die nach Absprache mit dem Arzt unterstützend angewandt werden können.

Die in Kürbiskernen enthaltenen Wirkstoffe – darunter Vitamin E, Magnesium, Kalzium, Selen, Zink und Linolsäure – wirken harntreibend und antibakteriell. Sie sind somit bei allen Blasenleiden eine wichtige Unterstützung anderer Therapieformen.

Kirschsteinsäckchen

Im Backofen oder in der Mikrowelle auf 120 bis 150 °C erhitzen und in Höhe der Blasenschmerzen zwischen die Beine legen. Die Wärme lindert die Schmerzen. Das Kirschsteinsäckchen ist besonders wohltuend nach dem Wasserlassen.

Auflage mit heißen Kartoffeln

- 5 mittelgroße Kartoffeln kochen.
- Ungeschält auf ein Baumwolltuch legen und die Ränder von allen Seiten darüber schlagen.
- Die verpackten Kartoffeln mit der flachen Hand und der Faust zerquetschen, die Ränder mit Heftpflaster verkleben.
- Die Auflage an die schmerzende Stelle über der Blase legen.
- Am besten ist es, sich mit einem Dinkelkissen im Rücken entspannt hinzulegen. Eventuell noch eine Wolldecke über die Beine breiten. Die Auflage erst nach dem Abkühlen entfernen. Dann zugedeckt noch etwas nachruhen.

Auflage mit Eukalyptusöl

Das aus den Blättern des Eukalyptusbaums gewonnene Öl wirkt bakterienhemmend. Die Auflage sollte deshalb sofort bei den ersten Anzeichen für eine Entzündung angewandt werden.

- Ein Baumwolltuch mehrfach falten. Darauf 1 bis 2 Esslöffel eines fetten Öls (z. B. Olivenöl, Sonnenblumenöl, Mandelöl) geben, in das 5 bis 7 Tropfen Eukalyptusöl gerührt wurden.
- Mit der öligen Seite in Höhe der Blasenschmerzen auf den Bauch legen.
- Mit dem erhitzten Kirschsteinsäckchen warm halten und mit einer Wolldecke abdecken. Die Auflage sollte erst abgenommen werden, wenn sie keine Wärme mehr abstrahlt.

Mädchen und Frauen sind von Blasenentzündungen auch deshalb relativ häufig betroffen, weil ihre Harnröhre nur drei bis fünf Zentimeter lang ist.

Auflage mit Meerrettich

Das in der Meerrettichwurzel enthaltene Allylsenföl reizt die Haut und regt sie zu stärkerer Durchblutung an, was auch zur Erwärmung führt. Wegen der starken Reizwirkung muss die Verträglichkeit ausprobiert werden. Deshalb zunächst nur wenige Minuten anwenden. Bei Verträglichkeit kann die Anwendungsdauer gesteigert werden.

- 1/2 bis 1 Stange Meerrettich reiben, auf ein mehrfach gefaltetes Baumwolltuch auftragen und mit einem dünnen Tuch abdecken. Das dünnere Textil sollte etwas überstehen und mit Heftpflaster an die Baumwollauflage geklebt werden.
- Die Seite mit dem dünnen Gewebe auf die Blasenregion legen. Darüber ein Handtuch breiten, um die Dämpfe aufzufangen. Nach dem Entfernen der Auflage die Haut einölen.

Was sonst noch hilft

- **Viel trinken:** Dadurch werden die Bakterien mit dem Urin ausgeschwemmt. Am besten alle 20 Minuten eine große Tasse Tee trinken. Besonders geeignet sind Tees von Brennnesseln, Bärentraubenblättern, Birkenblättern und Schachtelhalmkraut (Zinnkraut), weil sie harntreibend sind. Säfte von Johannisbeeren, Schwarzbeeren (Heidelbeeren) und Preiselbeeren ungesüßt trinken! Alle diese Säfte senken den pH-Wert, d. h., der Säuregehalt im Urin steigt. Auch an den Schleimhäuten entsteht ein saures Milieu. Krankheitserreger können sich darin nur schwer entwickeln. Ideal ist ein pH-Wert von 5 bis 5,5. Am besten prüfen Sie jeden Morgen mit einem Teststreifen aus der Apotheke den Urin auf seinen Säuregehalt.

Auch Vitamin-C-Pulver (Askorbinsäure) macht den Urin in erwünschter Weise sauer.

- **Zinnkrautsitzbad:** 3 Esslöffel Zinnkraut (Schachtelhalmkraut) mit 1 Liter Wasser aufkochen und 10 Minuten leise kochen. Abseihen und ins Badewasser geben. Nach dem Bad ins Bett legen, warm einpacken.
- **Haferstrohbad:** 1 Kilogramm Haferstroh klein schneiden, in einem kleinen Sack in einen Topf mit kaltem Wasser geben. Aufkochen und 20 Minuten weiterkochen. Den Sud für ein Voll- oder mehrere Sitzbäder verwenden. Statt Haferstroh können auch Heublumen verwendet werden.
- **Ansteigende Fußbäder:** Anwendung siehe Seite 69.
- **Rotlichtbestrahlung der Blasenregion**

Prämenstruelles Syndrom (PMS)

Die Beschwerden reichen von leichten ziehenden Schmerzen bis hin zu krampfartigen Kontraktionen der Gebärmutter (Dysmenorrhö). Oft sind sie von Kopf- und Rückenschmerzen, von Übelkeit und Brechreiz begleitet. Auch Verstopfung, Brustspannen, Hautjucken, Kopfschmerzen, aggressive oder depressive Stimmungen sind nicht selten. Viele Frauen leiden unter dem prämenstruellen Syndrom, das etwa eine Woche vor Beginn der Monatsblutung einsetzt.

Warme Dinkel- und Kirschkernkissen

Die Wärme, die von Dinkel und Kirschsteinen in die schmerzhaften Zonen ausstrahlt, entspannt und lindert die Schmerzen.

▶ Ein ausreichend großes Dinkelkissen und ein Kirschsteinkissen im Backofen oder in der Mikrowelle auf gut 100 bis 120 °C erwärmen.

▶ Das Dinkelkissen wird auf einer ebenen Unterlage unter das Kreuz geschoben.

▶ Das heiße Kirschsteinsäckchen unter der warmen Bettdecke auf den nackten Unterleib legen und sanft kreisend die gesamte Beckenregion massieren.

Ungefähr jeder zweiten Frau machen vor dem Einsetzen der Regel leichtere oder stärkere Beschwerden zu schaffen.

Kamillenauflage

▶ 2 Esslöffel Kamillenblüten mit 1 Liter kochendem Wasser überbrühen, 10 Minuten auf der heißen Platte zugedeckt ziehen lassen, dann abseihen.

▶ Ein mehrfach gefaltetes Baumwolltuch in ein ausgebreitetes Frotteehandtuch geben, ins Waschbecken legen, den Kamillensud darüber gießen und mit dem Frotteehandtuch herausheben, das Baumwolltuch im Handtuch auswringen.

▶ Sobald die Hitze erträglich ist, auf den Unterbauch legen, mit einem angewärmten Tuch abdecken und ein heißes (160 °C) Kirschsteinsäckchen obendrauf packen. Mit einer Decke vor Auskühlung schützen, falls man es nicht vorzieht, die Wärmeanwendung gleich im Bett durchzuführen.

Was sonst noch hilft

- **Kräutertee:** z. B. aus 40 Gramm Trauermantelkraut, 20 Gramm Stiefmütterchenkraut und 20 Gramm Holunderblüten. 2 gehäufte Teelöffel der Mischung mit 1 Tasse kochendem Wasser übergießen, 8 bis 10 Minuten ziehen lassen, abseihen. 1 bis 2 Wochen vor der erwarteten Regel damit beginnen, etwa 2 Tassen täglich zu trinken. Gut gegen Schmerzen und Verstopfung.
- **Mönchspfefferfrüchte zur Zyklusregulierung:** Sie werden nicht als Tee zubereitet, sondern am besten fertig in Kapsel- oder Tropfenform in der Apotheke oder im Reformhaus gekauft.
- **Lavendelbad zur Entspannung:** 100 Gramm Lavendelblüten mit etwa 2 Liter kochendem Wasser übergießen, nach 10 bis 15 Minuten abseihen. Den Sud in ein gut warmes Vollbad geben.
- **Nachtkerzen- und Schwarzkümmelöl:** Bei Menstruationsbeschwerden, bei Schmerzen während des Koitus, Schmerzen, die im Anschluss an die Periode auftreten, und bei PMS hat sich außerdem die Einnahme von Nachtkerzen- oder Schwarzkümmelöl (aus der Apotheke oder dem Reformhaus) bewährt. Diese Öle mit ihren wertvollen mehrfach ungesättigten Fettsäuren können den Mangel an Prostaglandin E1 ausgleichen, der für diese Beschwerden mitverantwortlich ist.

Mäßige körperliche Aktivitäten wirken entkrampfend, doch schwere Anstrengungen, auch entsprechende Sportarten, sollten vermieden werden.

Schmerzende Muskeln und Gelenke

Viele haben in unserer Zeit die Kunst des Loslassens verlernt. Die Folge: Verspannungen und Verhärtungen statt beweglicher, flexibler Muskelpartien. Energie, die im Körper fließt, wird blockiert – vor allem auch in den

Gelenken, die steif und unbeweglich werden, woraus wiederum Schmerzen, Entzündungen und Versteifungen resultieren. Warme oder heiße, kühle oder kalte Auflagen, Wickel und Einreibungen können Linderung verschaffen und die Beweglichkeit erhöhen.

Chronische Schmerzen

Auch wer von chronischen Schmerzen geplagt wird, die in den Gelenken oder Muskeln wühlen, empfindet intensive Wärme meistens als sehr angenehm und entspannend, z. B. bei Rückenschmerzen, Schultersteife und rheumatischen Beschwerden.

Muskelschmerzen entstehen meist durch falsche Körperhaltung und Überbeanspruchung. Seltener sind sie Begleiterscheinung einer Erkrankung.

Dinkelkissen und -hörnchen

Sie sind gut geeignet, um alle schmerzenden Stellen auf der Körperrückseite, die sich nach Wärme sehnen, damit zu behandeln: Gesäß (Ischiasregion), Hüfte, Kreuz, Rücken, Wirbelsäule, Schulterbereich. Der Dinkelspelz passt sich an, wärmt und verleiht gleichzeitig Halt.

- Dinkelkissen im Backofen auf 120 °C erhitzen.
- Das Kissen unter die betreffende Region legen und durch leichtes Hin- und Herbewegen die Unterlage der Körperform anpassen. Das funktioniert wie am Strand im heißen Sand.

Kirschkern- und Dinkelkissen für das Knie

- Ein heißes Dinkelkissen unter die Kniekehle schieben. Die heißen Kirschsteinsäckchen auflegen und eine Wolldecke darüber breiten. So lange einwirken lassen, wie Wärme auf den Körper übergeht.
- Die Wirkung kann noch verstärkt werden durch eine vorherige Einreibung mit ätherischen Ölen: 6 Tropfen Kamille, je 3 Tropfen Wacholder, Weißbirke und Eukalyptus sowie je 2 Tropfen Rosmarin, Lavendel und

Kiefer in 100 Milliliter Johanniskrautöl, Olivenöl oder Sonnenblumenöl mischen. Damit wird vor der Wärmebehandlung die für die Auflage vorgesehene Region eingerieben.

Heißes Kirschsteinsäckchen

Mit den Kirschkernsäckchen kann die Körpervorderseite behandelt werden: Knie, Bauch, Brust, Gesicht. Sie passen sich ebenso gut der Körperform an wie die Dinkelkissen.

▶ Kirschkernkissen im Backofen oder in der Mikrowelle auf bis zu 160 °C erhitzen.

Beschwerden des Bewegungsapparats werden auch durch falsche Ernährung, Fehlfunktionen im Stoffwechsel und Krankheitsherde verursacht.

Rückenschmerzen

Durch Überlastung, Haltungsfehler, zu wenig Bewegung und Verspannungen entstehen die meisten Rückenschmerzen. Jeder dritte Deutsche klagt darüber, dass ihm der Rücken wehtut. In vielen Fällen kann man sich selbst helfen. Wenn die Schmerzen allerdings län-

Schulterkompressen lassen sich nur schwer dauerhaft befestigen. Versuchen Sie daher nicht, mit einer solchen Anwendung herumzulaufen, sondern gönnen Sie sich Ruhe für die Zeit der Einwirkung.

ger andauernd oder gar chronisch auftreten, ist der Gang zum Orthopäden erforderlich – vor allem wenn der Rücken bei jeder Bewegung schmerzt und wenn Taubheitsgefühle an den Händen oder Füßen auftreten.

Dinkelkissen

- Zur Rückenstützung beim Sitzen im Sessel, auf dem Sofa oder dem Stuhl das Kissen so zwischen Lehne und Rücken platzieren, dass die Wirbelsäule Halt findet und keine hohle Stelle entsteht.
- Bei Bedarf das Kissen anwärmen.
- Auch im Liegen kann ein Dinkelkissen den Rücken entlasten. Legen Sie es so unter das Kreuz oder etwas höher, dass der Körper nicht durchhängt. Dabei sollte der Kopf – eventuell ohne Kissen – eine Idee tiefer liegen, das entspannt den Rücken.
- Auch im Auto kann ein Dinkelkissen zwischen Rücken und Sitzlehne entspannend wirken. Außerdem verhindert es durch seine luftige und strohtrockene Füllung das Schwitzen.

Eine gezielte Kräftigung der Rücken- und Bauchmuskulatur beugt Rückenschmerzen am besten vor.

Heißes Dinkelkissen zur Rückenentspannung

- Erhitzen Sie ein Dinkelkopfkissen im Backofen oder in der Mikrowelle auf etwa 120 °C.
- Legen Sie sich mit der schmerzenden Stelle des Rückens darauf.
- Zur Verstärkung können Sie zuvor auch noch ein 160 °C heißes Kirschsteinsäckchen in das locker gefüllte Dinkelkissen drücken. Beide Materialien passen hervorragend zueinander und schmiegen sich ideal Ihrer Körperform an.
- Falls Sie kein Kirschsteinsäckchen zur Hand haben, können Sie auch eine heiße Kartoffelauflage (siehe Seite 95) verwenden.

Was sonst noch hilft

▶ **Heißes Vollbad mit ätherischen Ölen:** 1 Esslöffel Honig mit 6 Tropfen Lavendel, 2 Tropfen Wacholder, 2 Tropfen Ingwer und 4 Tropfen Cajeput verrühren und ins heiße Badewasser mischen.

In einer Hand voll Heublumen sind rund 50 verschiedene Pflanzensorten mit einer Vielzahl von heilenden Wirkstoffen enthalten.

Schmerzende Gelenke

Heublumensäckchen

▶ Wer noch kein Dinkelkissen und keine Kirschsteinsäckchen hat, kann schmerzende Gelenke mit Heublumen behandeln. Heublumen enthalten ätherische Öle, die durchblutungsfördernd sind, was zusätzlich zur Wärmebildung beiträgt.

▶ 300 Gramm Heublumen aus der Apotheke in einem Topf mit 1 1/2 bis 2 Liter Wasser ansetzen, auf der Kochplatte erhitzen, kurz vor dem Kochen wegnehmen, 1/4 Stunde ziehen lassen, abseihen.

▶ Ein mehrfach gefaltetes Baumwolltuch auf ein Frotteehandtuch legen, das ins Waschbecken gebreitet ist. Heublumensud darüber gießen, mit dem Frotteehandtuch herausheben und die getränkte Baumwollauflage darin auswringen.

Mit ätherischem Öl vorbehandeln

Die Behandlung mit heißen Dinkelkissen und Kirschkernsäckchen wird unterstützt, wenn Sie die schmerzende Stelle vorher mit folgendem Massageöl einreiben: 2 Tropfen Angelika, 3 Tropfen Basilikum, 6 Tropfen Muskatellersalbei und 9 Tropfen Lavendel mit 70 Milliliter Johanniskrautöl mischen und leicht einmassieren.

▶ Die Auflage schnell auf das schmerzende Gelenk legen und ein trockenes Tuch herumschlingen, eventuell festbinden.

▶ Um die Auflage nicht zu rasch auskühlen zu lassen, empfiehlt es sich, eine Wärmeflasche oder einen anderen Wärmespender darauf zu packen.

Arthrose

Die Gelenke werden mit zunehmendem Alter oder durch Überbeanspruchung (z. B. Übergewicht, körperliche Arbeit, Leistungssport) oft von Arthrose befallen. Vor allem Knie- und Hüftgelenke sind betroffen. Bald treten Schmerzen auf, die Gelenke schwellen an. Vor allem nach längeren Ruhepausen oder Phasen, in denen die Gelenke weitgehend in der gleichen Stellung bleiben (langes Autofahren), werden die Schmerzen oft unerträglich. Gehen, Treppensteigen, Heben selbst kleinerer Lasten, Bücken – viele Bewegungen werden zur Qual. Auch durch angeborene Gelenkverformungen und infolge chronischer Krankheiten wie Diabetes kann irgenwann Arthrose auftreten.

Der Teufelskreis: Angespannte Muskeln schmerzen, Schmerzen verursachen Anspannung und Fehlhaltungen – und schon werden die Bandscheiben überstrapaziert.

Kohl, Quark und Lehm für die Gelenke

Bei schmerzenden und entzündeten Gelenken können auch die Wirkstoffe dieser drei Naturprodukte helfen. Sie werden bei Zimmertemperatur aufgelegt oder bei Bedarf leicht bis mäßig angewärmt.

- Kohlauflagen bei Gelenkschmerzen (Zubereitung von Kohlauflagen Seite 57)
- Quarkauflage oder Quarkwickel für die Halswirbel (Zubereitung von Quarkauflagen Seite 92)
- Lehmwickel oder Lehmwasserauflage für die Knie (Zubereitung von Lehmwickeln Seite 92)

Wenn die Schmerzen akut werden, ist Wärme Gift. Diese plötzlichen Schmerzen sind nämlich die Folge einer zeitweise auftretenden stärkeren Durchblutung der Gelenke, für die es mehrere Ursachen geben kann. Die Gelenke reagieren auf Wärme wie ein Entzündungsherd: Sie werden noch stärker durchblutet, und damit verstärken sich die Beschwerden. Jetzt hilft Kälte, die auf die Blutgefäße zusammenziehend und beruhigend wirkt.

Bei Arthrose empfiehlt sich die Umstellung des Speiseplans auf Obst-, Käse- und Vollkornprodukte.

Kalte Kirschsteine

Bei Arthrose bewährt es sich, immer einige Kirschkernsäckchen im Gefrierfach bereit zu halten. Beim akuten Arthroseschub ein kaltes Säckchen direkt auf die entblößte Schmerzstelle legen. Die trockene Kälte wird von der Haut hervorragend vertragen und ist ausgesprochen wohltuend. Oft lässt der Schmerz schon nach wenigen Augenblicken nach.

Was sonst noch hilft

- **Kirschsalzwasser:** Ein Spezialrezept aus dem Schwarzwald, das sich seit Jahrhunderten bewährt hat. Es ergänzt ganz wunderbar die Kälteanwendung mit Kirschsteinsäckchen. Auf 1 Liter Schwarzwälder Kirschwasser 10 Esslöffel Salz geben und darin auflösen. Das Salz muss vollständig gelöst sein, daher mit viel Geduld immer wieder schütteln. Das fertige Kirschsalzwasser in eine lichtundurchlässige Flasche (Blau- oder Braunglas) abfüllen. Vor Gebrauch schütteln. Dann einige Tropfen auf die Handmulde geben und damit den Körper systematisch einreiben – nicht nur die schmerzenden Stellen, sondern auch den Nacken, den Hals, die Schultern und dic Schläfen sowie die empfindliche Zone hinter den Ohren und die Handgelenke. Kirschsalzwasser sollte 3-mal täglich angewendet werden.

Nacken- und Schulterschmerzen

Stress führt zu Verspannungen und geht oft mit Magnesiummangel einher. Dem können Magnesiumpräparate abhelfen.

Auch hier können Muskelverspannungen Ursache für die Schmerzen sein, aber auch degenerative Veränderungen an Sehnen (beispielsweise Verkürzungen) und Gelenkkapseln, ebenso Überlastungen und mangelnde Bewegung. Deshalb sind Bewegungsübungen und Wärme unerlässlich.

Schulterauflage

▶ Je 1 Hand voll Arnika, Rosmarin und Thymian mit 1 Liter kochendem Wasser aufbrühen und 15 Minuten ziehen lassen (auf der heißen Platte, um Abkühlen zu vermeiden).

▶ Ein mehrfach gefaltetes Baumwolltuch auf ein Frotteehandtuch legen und beide im Waschbecken ausbreiten. Den Sud darüber gießen, die Tücher herausnehmen, die Baumwollauflage im Frotteehandtuch auswringen und so heiß wie möglich auflegen.

▶ Ein trockenes Tuch darüber legen und eine Decke umhängen.

▶ Ein vorgeheiztes (160 °C) Kirschsteinsäckchen unter einem engen Pulli auf die Schulter schieben. Die Auflagen abnehmen, sobald die Wärmewirkung nachlässt.

Hexenschuss

Wenn Großmutter einen Hexenschuss bekam, erhitzte sie ein Kirschsteinsäckchen und verschwand damit für eine Stunde im Bett. Sie wusste um den hohen Wert der Wärme als Hausmittel gegen die Schmerzen der Lumbalgie (lumbus = lat. die Lende), wie der medizinische Fachausdruck für Hexenschuss lautet.

Wenn die Schmerzen ins Kreuz schießen und die Lendenwirbel blockieren, ist Wärme die beste Soforthilfe, denn sie kann die schockartige Verspannung der unteren Rückenmuskeln wieder lockern. Wenn die Verspannung bleibt, wird die Durchblutung verringert, die Haut am unteren Rücken fühlt sich kalt an, und die Schmerzen können so sehr zunehmen, dass der Körper nicht mehr richtig aufgerichtet und kaum bewegt werden kann. Es besteht die Gefahr, dass die Lendenwirbelblockade und die Fehlhaltung tagelang andauern.

Bei Hexenschuss sofort auf einen ebenen, festen Untergrund legen, zehn Minuten liegen bleiben und ruhig durchatmen, damit sich der verkrampfte Muskel wieder entspannt.

Heißfeuchte Auflage

Noch stärker als trockene Wärme wirkt bei Hexenschuss feuchte Wärme. Wasser leitet die Hitze besser und schneller in das Muskelgewebe.

- 12 Tropfen Lavendelöl, 8 Tropfen Kamillenöl, 6 Tropfen Majoranöl und 6 Tropfen Rosmarinöl in 1/4 Liter Sahne auflösen.
- 1 bis 2 Esslöffel der Mischung auf ein in heißem Wasser getränktes Tuch geben und dieses auf die schmerzende Stelle legen.
- Ein vorgewärmtes trockenes Tuch darüber breiten und das 160 °C heiße Kirschsteinsäckchen obendrauf packen. Mit einer Decke zudecken. Wenn die Schmerzen Ihre Bewegungsfähigkeit zu stark einschränken, muss Ihnen bei dieser Anwendung jemand helfen.

Dinkelkissen mit Kirschsteinsäckchen-Einlage

- Diese Kombination (siehe auch unter Rückenschmerzen, Seite 101ff.) können Sie ohne fremde Hilfe auf einer festen Unterlage ausbreiten, etwa auf dem warmen Fußboden.
- Mit dem Kreuz darauf legen und eine Decke überziehen. Das kann Wunder wirken, weil durch das leichte Anheben des Beckens ein zusätzlicher entspannender Effekt erzielt wird.

Dinkelkissen mit Eisenkrautauflage

▶ Ein breites Dinkelkissen (Kopfkissen) im Backofen auf 120 °C erhitzen.

▶ In der Zwischenzeit 1 Hand voll Eisenkraut (Verbenakraut) mit 1 Eiweiß, 1 Esslöffel Mehl und 2 Esslöffeln warmem Wasser vermischen, auf ein mehrfach gefaltetes Baumwolltuch geben, welches das gesamte Kreuz bedecken kann, und das Ganze über Wasserdampf (im umgedrehten Topfdeckel) erhitzen.

▶ Das Dinkelkissen auf eine möglichst ebene Unterlage legen (ein durchhängendes Bett ist nicht geeignet), die heiße Eisenkrautauflage darüber breiten (Eisenkraut nach oben) und vorsichtig mit dem Kreuz darauf niederlassen. Eine Decke überziehen. Die Auflage sollte möglichst lange einwirken und an 3 aufeinander folgenden Tagen wiederholt werden.

In einer »Rückenschule«, die auch von den Krankenkassen angeboten wird, lernt man, sich rückenschonend zu bewegen und vor allem richtig zu sitzen.

Was sonst noch hilft

▶ **Vollbad mit ätherischen Ölen:** 12 Tropfen Lavendelöl, 8 Tropfen Kamillenöl, 6 Tropfen Majoranöl und 6 Tropfen Rosmarinöl mit 1/4 Liter Sahne mischen und in ein heißes Vollbad geben. Anschließend muss man sich warm halten.

▶ **Farnwurzeltinktur:** 250 Gramm Wurzeln des Wurmfarns klein schneiden und mit 1 Liter 70- bis 80-prozentigem Branntwein bzw. Obstwasser übergießen, 14 Tage stehen lassen, abgießen. Mit der fertigen Tinktur die Lendengegend einreiben.

Ischiasbeschwerden

Bei Ischiasleiden gehen die Schmerzen von den unteren beiden Bandscheiben aus. Wenn sie sich verschieben, quetschen sie die Wurzeln des Ischiasnervs, die sich dadurch entzünden. Die Schmerzen strahlen bis hinunter in die Beine aus, anders als beim Hexenschuss, wo nur der Bereich der unteren Lendenwirbelsäule schmerzt. Zur Schmerzbekämpfung ist die richtige Lagerung des Körpers sehr wichtig.

Ein uraltes Heilmittel gegen Ischiasbeschwerden ist die Brennnessel: Mit einer frischen Pflanze ganz leicht über die schmerzenden Stellen streichen, anschließend die Haut einpudern.

Heißes Dinkelkissen

▶ In Rückenlage auf einer Unterlage, die nicht kalt sein darf (ein Teppichboden empfiehlt sich), möglichst das etwas festere Sitzkissen, nicht das lockere Kopfkissen unter das Kreuz legen, beide Beine anwinkeln und auf einen Hocker legen.

Gicht

Gicht tritt zwar an Stellen auf, die auch von anderen rheumatischen Erkrankungen befallen werden, vor allem an den Gelenken, und verursacht ebenfalls sehr starke Schmerzen. Aber die Gicht ist eine ganz eigenständige Krankheit. Es handelt sich hier um eine Stoff-

Beim Baden steht weniger eine körperliche Reinigung im Vordergrund. Vielmehr sollen der Alltag, der Stress und die Anspannung mit dem ablaufenden Wasser im Ausguss verschwinden.

wechselstörung, bei der es zuerst zu einer Erhöhung des Harnsäurespiegels und dann zur Ablagerung von Harnsäurekristallen in Gelenken, Organen und Geweben kommt. Männer werden zehnmal häufiger von Gicht befallen als Frauen. Der erste Gichtanfall kommt meistens völlig unerwartet (der Patient hat sich zuvor ganz gesund gefühlt), überwiegend in der Nacht und tritt sehr häufig in einer der großen Zehen auf. Das betroffene Gelenk ist geschwollen und heiß.

Tierische Fette sollten Sie bei Gicht vom Speisezettel streichen. Essen Sie lieber viel Gemüse und Obst. Auch Fisch hilft, den lästigen Anfällen vorzubeugen – mit einer Ausnahme: Aal ist streng verboten!

Das beste Mittel beim Gichtanfall ist der Wirkstoff Colchicin (ein Alkaloid), der aus der Herbstzeitlose gewonnen wird. Wenn der Anfall mit einem entsprechenden Präparat (z. B. Colchicum dispert oder Colchysat) prompt gestoppt werden kann, ist dies auch die Bestätigung dafür, dass die Diagnose Gicht zutreffend war. Neben einer speziellen, purinarmen Diät und vermehrter Harnsäureausscheidung (Schwitzen) können Auflagen Linderung bringen.

Dinkel- und Kirschkernkissen

- In Anlehnung an Pfarrer Kneipp: Das befallene Gelenk erhöht auf einem Dinkelkissen lagern.
- Zuerst ein heißes Kirschsteinsäckchen kurzzeitig auflegen, dann die betroffene Region kalt abwaschen.
- Wenn Wärme die Beschwerden steigert, kann Kälte helfen: beispielsweise ein Kirschsteinsäckchen aus dem Gefrierschrank, ein kühler Lehmwickel (siehe Seite 92) oder ein Kohlwickel (siehe Seite 57).

Der Salzwickel

- 2 bis 3 gehäufte Esslöffel Salz in 1/2 Liter Leitungswasser auflösen, ein Tuch damit tränken, auswringen und auf die betroffene Stelle packen, mit einem trockenen Tuch umwickeln.

Was sonst noch hilft

- **Güsse:** Laut Kneipp helfen kalte Fuß- oder Kniegüsse mit nachfolgendem Einpacken in warme Decken. Dadurch soll die Harnsäure im Gelenk gelöst und ins Blut abgeführt werden (Vorsicht, das kann sehr wehtun). Ebenfalls hilfreich: morgendliches Wassertreten.
- **Tees:** Schachtelhalmtee, Brennnesselblättertee, Birkenblättertee wirken harntreibend.
- **Einläufe mit Natron:** 2 Esslöffel auf 1 Liter leicht angewärmtes Wasser.
- **Ätherische Öle zur Massage:** Je 4 Tropfen Karottensamen-, Angelika-, Wacholder- und Rosmarinöl auf 50 Milliliter Johanniskrautöl geben. Die Mischung in die betroffenen Stellen einmassieren.

Besonders bei Gicht muss jeder Betroffene individuell ausprobieren, ob ihm Wärme oder Kälte gut tut.

Rheumatische Beschwerden

Rheumatische Beschwerden treten in verschiedenen Formen auf, entzündlichen, degenerativen und als Weichteilrheumatismus. Die entzündliche Form befällt Gelenke (Gelenkrheumatismus) und tritt in Schüben auf. Sie kann chronisch werden (Arthritis). Die degenerative Form ist eine Verschleißerscheinung (Arthrose). Der Weichteilrheumatismus befällt Muskeln, Schleimbeutel, Sehnen und Nerven (Neuritis).
Rheumakranke müssen ärztlich behandelt und betreut werden. Lang erprobte und bewährte Hausmittel können jedoch unterstützend und lindernd wirken. In den meisten Fällen hilft Wärme.

Dinkel- und Kirschkernkissen

- Heiße Dinkelkissen unter- und heiße Kirschsteinsäckchen auflegen. Bei entzündlichen Schüben legen Sie das Kirschsteinsäckchen aus der Gefriertruhe auf.

Heublumenhemd

Um die wandernden Schmerzen in den Griff zu bekommen, die sich durch den ganzen Körper ziehen, hat Sebastian Kneipp das Rheumahemd erfunden.

Der »rheumatische Formenkreis« umfasst mehr als 100 verschiedene Krankheitsformen, denen gemeinsam ist, dass sie die Gelenke und/oder das Bindegewebe betreffen.

- 1 Hand voll Heublumen in 2 Liter Wasser aufkochen und 10 Minuten auf der Platte ziehen lassen (nicht kochen). Abseihen.
- Ein langes Hemd (Nachthemd) aus Leinen oder Baumwolle in dem Sud tränken, auswringen, überziehen und damit – in eine Decke gewickelt – 1 bis 2 Stunden ins Bett legen.

Auflage mit ätherischen Ölen

- 3 Tropfen Rosmarin, 3 Tropfen Majoran, 4 Tropfen Lavendel in 1 Esslöffel Olivenöl auflösen.
- Auf ein in heißes Wasser getauchtes Tuch geben, auflegen und mit einem trockenen Tuch abdecken.
- Das heiße Kirschsteinsäckchen (120 bis 160 °C) obendrauf packen.

Was sonst noch hilft

- **Engelsüßtee:** Bei Arthritis hilft Engelsüßtee gegen die Entzündungen. 2 Esslöffel des gemahlenen Strunks mit 1/4 Liter Wasser kalt ansetzen und 8 bis 10 Stunden ziehen lassen, abseihen und die Rückstände mit 1/4 Liter kochendem Wasser überbrühen – über den ganzen Tag verteilt kleine Mengen davon trinken.
- **Wein:** Bei neueren Untersuchungen über die Wirkung von Wein auf den Körper haben französische Wissenschaftler eine antirheumatische Komponente entdeckt. In Regionen Frankreichs, in denen viel Wein getrunken wird, gibt es auffallend weniger rheumatische Erkrankungen als in anderen Landesteilen.

▶ **Massage:** je 2 Tropfen Kiefer, Lavendel und Rosmarin, je 3 Tropfen Weißbirke, Wacholder und Eukalyptus sowie 6 Tropfen Kamille auf 100 Milliliter Olivenöl.

▶ **Wallwurztinktur:** Einreibungen mit Wallwurztinktur (in der Apotheke erhältlich).

Auch heiße Kartoffelauflagen wirken schmerzstillend bei rheumatischen Erkrankungen, ebenso Moor-, Birkenrinden- und Fichtennadelbäder.

Hauterkrankungen

Die Haut ist ein Ausscheidungsorgan. Heiße Auflagen und Wickel aktivieren die Ausscheidungsfunktion. Allein die Schweißproduktion kann dadurch pro Quadratmeter Körperoberfläche von etwa 20 Milliliter auf über 500 Milliliter täglich ansteigen.

Furunkel

Unter Furunkel versteht man eine tief ins Gewebe reichende schmerzhafte Pustel. Verursacht wird sie durch die Entzündung eines Haarbalgs: Bakterien sind eingedrungen, das Immunsystem reagiert mit der vermehrten Produktion von weißen Blutkörperchen.

Von bester Qualität sind Heublumenmischungen von Bergwiesen. Wenn Sie keine Bergwiesenheublumen bekommen können, achten Sie darauf, dass die Pflanzen aus biologisch-dynamischem Anbau stammen.

Zugsalbe und Kirschkernkissen

Die Salbe zieht die Entzündung zusammen. Die Wärme beschleunigt den Entzündungsprozess, der Furunkel wird reif und leert sich.

- Über Nacht Zugsalbe (Ichthyol) auftragen.
- Tagsüber ein heißes Kirschkernkissen auflegen. Mehrfach wiederholen.

Was sonst noch hilft

- **Auflagen:** Nach der Leerung des Furunkels heiße, in Kamillentee getränkte Auflagen machen und die Wunde immer wieder mit Teebaumöl betupfen, bis sie abgeheilt ist.

Schuppenflechte (Psoriasis)

Viel frische Luft und milder Sonnenschein bessern die Schuppenflechte, Sonnenbrand verschlimmert sie.

Die abnorm beschleunigte Hautzellenproduktion, für die wahrscheinlich eine erbliche Veranlagung besteht, führt zu ziegelroten, erhabenen, meist juckenden Hautflecken mit silbrig weißen Schuppen.

Kaltes Kirschkernkissen

Bei Schuppenflechte ist Kälte ratsam, denn dadurch werden die Blutgefäße der Haut zusammengezogen, und der Juckreiz lässt nach. Am besten wirkt ein Kirschsteinsäckchen aus dem Eisfach. Seine trockene Kälte ist eine Wohltat.

Akne und Ekzeme

Bei Akne können sich die Entzündungen zu großen, eitrigen Pickeln vor allem im Gesicht, auf der Brust und auf dem Rücken auswachsen.
Zu den Ursachen für Ekzeme, die als juckende, nässende, gerötete Entzündungen der Haut auftreten, gehören

Stoffwechelstörungen, die Unverträglichkeit von Milch und eine Überempfindlichkeit gegenüber unterschiedlichsten Stoffen.

Auflage mit kaltem Stiefmütterchentee

▶ 2 Esslöffel Stiefmütterchen mit 1/2 Liter heißem Wasser anbrühen, 10 Minuten ziehen lassen, abseihen.
▶ Sobald der Tee kalt ist, ein Baumwolltuch darin tränken und auflegen.

Hilfe bei akuten Hautbeschwerden

Sonnenbrand

- Ölauflage mit Johanniskraut
- Quarkwickel

Insektenstiche

- Einreibungen mit 1 aufgeschnittenen Zwiebel. Anschließend ein kaltes Kirschsteinsäckchen auflegen.
- Auflage mit Arnikasalbe (Apotheke).
- Eine Auflage mit Kohlblättern, die leicht gequetscht werden, damit Saft austritt, wirkt abschwellend und entgiftend.
- Alkohol mit Wasser verdünnen, ein Tuch damit tränken und auflegen. Dadurch geht die Schwellung zurück.
- Kalter Weißwein (unverdünnt) wirkt abschwellend und entzündungshemmend.

Verbrennungen ersten Grades

- Kaltes Kirschsteinsäckchen aus dem Eisschrank auflegen.
- Kaltes Wasser auf die verbrannte Stelle fließen lassen. Verbrennungen anschließend nicht mit Tüchern bedecken.
- Lavendelöl kann pur auf die verbrannte Stelle aufgetragen werden.

Verbrennungen müssen ärztlich behandelt werden, wenn sie bei Erwachsenen größer als eine Handfläche, bei Kindern größer als ein Fünfmarkstück sind.

▶ Ein warmes Kirschkernkissen (60 bis 80 °C) obendrauf packen.

▶ Der Tee kann auch getrunken werden. Das unterstützt die äußerliche Anwendung.

Eine Lehmmaske reinigt und entfettet die Haut: Lehmbrei (siehe Seite 92) mit 1 Schuss Weißwein oder Obstessig anrühren, damit das Gesicht bestreichen, 20 bis 30 Minuten einwirken lassen.

Was sonst noch hilft

▶ **Schwarzkümmel:** Einreibungen mit Schwarzkümmelöl oder die Einnahme von Schwarzkümmelölkapseln aus der Apotheke.

▶ **Vollbad:** 10 bis 15 Tropfen Teebaumöl in 1 Esslöffel Honig auflösen und ins Wasser geben.

Herz- und Kreislaufbeschwerden

Ein Sprung ins kalte Wasser kann – im extremen Fall – ebenso tödlich sein wie zu viel Sonnenhitze. Damit sei wieder einmal an die ungeheure Macht der Temperatur-

Stiefmütterchentee, äußerlich angewandt, ist ein probates Mittel gegen Hautirritationen.

reize über unseren Körper erinnert. Herz und Kreislauf sind in ganz besonderem Maß davon betroffen. Ein kalter Oberguss nach Kneipp bringt das Herz zum Hüpfen, ein heißes Vollbad lässt unsere Haut erglühen und treibt uns den Schweiß auf die Stirn.
Je heißer und je großflächiger eine Wärmeanwendung ist, umso mehr Blut wird pro Minute durch den Körper gepumpt. Das bedeutet, dass der Blutdruck steigen kann und das Herz mehr arbeiten muss. Aber das gilt wirklich nur für die großflächigen Wickel. Kleinere Anwendungen vertragen auch ältere Menschen mit einem nicht mehr so kräftigen Herz problemlos. Ein wenig Wärme kann sogar dem schwachen Herz recht zuträglich sein.

Erfrischend und stärkend wirkt ein kalter Wasserguss: Den Wasserstrahl von der Hand aus langsam zuerst an der Außenseite, dann an der Innenseite des Arms bis zur Schulter hochführen.

Herzschwäche

Heißes Kirschsteinsäckchen

Nicht nur bei Überwärmung muss unser Herz mehr Blut durch den Körper pumpen, sondern auch bei kalten Gliedmaßen. Dann nämlich muss es die Hände und vor allem die Füße mit dem Blutstrom wieder aufwärmen. Auch deshalb ist ein heißes Kirschsteinsäckchen im Bett so wohltuend. Es wärmt die Füße und entlastet damit das Herz. Und bei ruhigem Herzschlag, wenn das Herz keine Höchstleistungen vollbringen muss, können wir auch viel besser schlafen.

Heißer Kohl

Bei Herzmuskelschwäche tut sich das Organ schwer, die benötigte Blutmenge durch den Körper zu pumpen. Besonders am Abend lässt die Leistung stark nach. Eine wirkungsvolle Unterstützung ist ein heißer Kohlwickel vor dem Schlafengehen.

▶ Die Blätter in heißes Wasser legen und etwas ziehen lassen. Mit einer Gabel herausnehmen, kurz abtropfen lassen und so heiß, wie es noch als angenehm empfunden wird, auf den Oberkörper legen.

▶ Ein Wickeltuch herumwinden. Gut 2 Stunden einwirken lassen. Dann mit dem heißen Kirschsteinsäckchen schlafen gehen.

Bei Beschwerden von Herz und Kreislauf spielen Auflagen, Wickel und die Anwendung von Heilpflanzen eher eine begleitende und vorbeugende Rolle.

Nervöses Herz

Kälte hilft dem nervösem Herz. Verstärkt wird die Wirkung der Auflagen durch Zusatz von Alkohol.

Kalte Alkoholauflage mit Kirschsteinen

Die Alkoholauflage wirkt sehr stark kühlend, weil Verdunstung Wärme entzieht. Sie bleibt durch die kalten Kirschsteine lange kühl. Dadurch beruhigt sich das nervöse Herz.

▶ 1/4 Liter 70-prozentigen Weingeist und 1/2 Liter kaltes Wasser mischen, ein mehrfach gefaltetes Baumwolltuch darin tränken und nur leicht ausdrücken.

▶ Auf die Herzgegend platzieren. Ein trockenes Tuch darüber legen und ein kaltes Kirschsteinsäckchen aus dem Eisschrank darauf packen. Die Auflage nach etwa 1/2 Stunde, sobald sie warm wird, entfernen.

▶ Statt Alkohol kann auch Arnikaessenz genommen werden (Verdünnung 1:10).

Bluthochdruck

Bei hohem Blutdruck sollten weder heiße noch kalte Wickel angelegt werden. Auflagen und Zusätze nur etwa körperwarm anwenden! Milde Wärme weitet die Blutgefäße, ohne das Herz zu belasten, so dass der Blutdruck sogar etwas sinkt. (Bei niedrigem Blutdruck dagegen dürfen die Reize stark sein.)

Dinkelkissen

Für körperwarme Auf- oder Unterlagen eignen sich ganz hervorragend die Dinkelkissen. Kurz im Backofen oder in der Mikrowelle auf Körpertemperatur bringen und damit Herz, Rücken, Füße und Hände wohlig anwärmen.

Kopf- und Zahnschmerzen

Wer es gut mit sich und seinem Haupt meint, hat stets ein Säckchen mit Kirschsteinen im Eisfach und ein weiteres neben der Mikrowelle liegen; darüber hinaus hält er mindestens ein Greifsäckchen in der Hosen- oder Handtasche bereit. Denn unser Kopf braucht mal viel Wärme, mal viel Abkühlung und ist stets dankbar für eine Akupressur mit dem Kirschkernsäckchen.

Kopfschmerzen können viele Ursachen haben. Oft ist der psychische Anteil daran groß: »Das halte ich im Kopf nicht aus!«

Spannungskopfschmerz

Dieser Schmerz, der vom Hinterkopf ausgeht und sich über die gesamte Schädeldecke ausbreitet, hat seinen Namen von dem Gefühl, mit dem Kopf in einen Schraubstock gespannt zu sein.

Akupressur

2-mal am Tag sollte man seinem Kopf die Wohltat einer Akupressur gönnen, das beugt dem Spannungskopfschmerz vor. Und wenn er auftritt, ist Akupressur das beste Mittel zur Soforthilfe.

▶ Beginnen Sie mit einem Finger den Sonnenpunkt zu massieren. Das ist eine leichte Vertiefung, die 1 Finger breit unter dem äußeren Ende der Augenbrauen liegt. Beginnen Sie an jener Kopfseite, auf der es weniger wehtut. Etwa 1 bis 2 Minuten sanft kreisend diese Stelle massieren, dann zur anderen Seite wechseln.

▶ Dann mit dem Kirschstein-Greifsäckchen eine entspannende Gesichtsakupressur durchführen (siehe Seite 66). Dazu das Säckchen wahlweise gekühlt oder angewärmt verwenden, oder zwei Säckchen vorbereiten und erst heiß, dann kalt akupressieren.

▶ Zum Schluss einen Tropfen ätherisches Öl vom Typ Rosengarten auf das »dritte Auge« geben – das ist die kleine Vertiefung an der Stirn, 2 Finger breit über der Nasenwurzel.

Bei Kopfschmerzen, die durch Verkrampfungen, Verspannungen und Stress ausgelöst werden, hilft langfristig nur eines: Entspannung.

Dinkelkissen

Den Kopf auf ein Dinkelkissen zu legen beruhigt ihn. Federn »ziehen« bekanntlich. Das macht sich nicht nur bei Zahnschmerzen bemerkbar, sondern auch bei empfindlichen Kopfnerven. Mit dem »Ziehen« ist gemeint, dass die Federn zunächst Energie abziehen, bis sie sich der Körperwärme angepasst haben. Dadurch verstärken sie die Schmerzen.

Quarkauflage für die Stirn

Die kühlende Wirkung tut dem Kopf gut. Außerdem leitet Quark entzündliche Stoffe ab, wirkt abschwellend und schmerzlindernd. Die Zubereitung entspricht jener der Meerrettichauflage. Die Auflage wird abgenommen, sobald der Quark ausgetrocknet ist.

Meerrettichauflage für den Nacken

Das Brennen auf der Haut lenkt bei einer Meerrettichauflage bereits vom Kopfschmerz ab. Die Durchblutung wird deutlich gesteigert, die Kopfschmerzen klingen meist bald ab. Vorsicht vor den scharfen Dämpfen: Augen schließen, ein feuchtes Tuch darüber legen.

▶ Den Meerrettich reiben, fingerdick auf ein Baumwolltuch streichen, das auf Nackenmaß gefaltet ist.

▶ Ein dünnes Taschentuch darüber breiten und mit Pflaster verkleben, damit der Meerrettichbrei nicht ausläuft.

▶ Die Auflage auf den Nacken legen und einen Schal umbinden. Die Auflage sollte nach 10 bis 15 Minuten abgenommen werden – ist die Hautreizung zu stark, wird sie schon früher entfernt.

Gegen Übelkeit bei Kopfschmerzen: Je 3 Tropfen ätherische Öle von Fenchel, Kamille, Lavendel, Pfefferminze und Zitronenmelisse mit 50 Milliliter Olivenöl mischen, damit den Bauch einreiben.

Was sonst noch hilft

▶ **Pfefferminzöl:** Das ätherische Öl leicht in die Schläfen einmassieren, dabei sparsam anwenden und die Augen schließen, da sie von den flüchtigen Dämpfen leicht gereizt werden. In Apotheken gibt es Pfefferminzöl in kleinen Rollern, mit denen es sich leicht auftragen lässt. Es kühlt, nimmt die Spannung und ist ebenso wirksam wie eine Kopfschmerztablette.

Frischer Meerrettich lässt sich auch einfrieren. Bei Bedarf können Sie die gewünschte Menge von der gefrorenen Stange schaben.

▶ **Kopfhautmassage:** 100 Milliliter Melissenhydrolat mit je 4 Tropfen Lavendel, Bergamotte und Muskatellersalbei mischen. In die Kopfhaut einmassieren, eventuell mit einem Zerstäuber aufsprühen.

▶ **Nacken- und Schultermassage:** Je 4 Tropfen Angelika, Sandelholz, Neroli und Limette in 50 Milliliter süßes Mandelöl mischen.

Zahnschmerzen

Bei Zahn- und Zahnfleischerkrankungen Erwachsener steht die Parodontose an erster Stelle.

Der Kopf ist einer unserer schmerzgeplagtesten Körperteile. Daran haben jene 32 Schmerzpunkte hohen Anteil, die sich in unserem Mund befinden.

Kirschkernsäckchen

Ein eiskaltes Kirschkernsäckchen aus dem Eisfach auf die Backe legen. Das hilft insbesondere dann, wenn eine Entzündung das Zahnweh verursacht hat. Sollte der Schmerz eher stärker werden, dann kann Wärme angebracht sein: Das Kirschsteinsäckchen heiß auflegen!

Zwiebeln hinters Ohr

Wenn die ganze Kieferseite schmerzt und der Schmerz auf das Ohr übergreift, dann kann die Zwiebel einiges bewirken. Heiß oder kalt in einen Fingerling stopfen und hinter das Ohr legen. Die schmerzstillende Wirkung kann auch direkt am Zahn erzeugt werden, indem man eine Zwiebelscheibe zwischen die Backe und die Schmerzstelle schiebt.

Kamille für die Kinder

Bei Mumps, Kopf- oder Zahnweh kann das duftende Kamillenkissen den Kleinen Linderung verschaffen.

▶ 2 Hand voll Kamillenblüten auf ein Baumwolltuch legen, Ränder umschlagen und verkleben. Das so entstandende Kissen auflegen und ein heißes Kirschsteinsäckchen draufpacken.

Was sonst noch hilft

- Einige Tropfen Teebaumöl pur in der Umgebung des Zahns verreiben. Das Öl darf nicht geschluckt, sondern muss wieder ausgespuckt werden!
- Nelkenöl auf den Zipfel eines sauberen Taschentuchs oder auf einen Wattebausch träufeln und sanft an den schmerzenden Zahn drücken.

Neuralgien

Neuralgische Schmerzen im Gesicht können zur Qual werden. Oft lassen sie sich nur schlecht lokalisieren. Meistens hilft aber Wärme.

Dinkelkissen

Ein Dinkelkopfkissen im Backofen oder in der Mikrowelle auf eine angenehme Temperatur erwärmen und das Gesicht darin vergraben. Dazu eine Wolldecke über den Kopf ziehen. Diese Maßnahme eignet sich auch hervorragend nach einem heißen Gesichtsdampfbad mit ätherischen Ölen.

Neuralgien sind anfallartig auftretende Schmerzen im Ausbreitungsgebiet bestimmter Nerven ohne nachweisbare entzündliche Veränderungen.

Was sonst noch hilft

- **Cajeput:** Einige Tropfen des ätherischen Öls Cajeput, das kampferartig riecht, pur auf den schmerzenden Stellen verreiben.

Augen

Eine Überanstrengung der Augen resultiert oft aus stundenlangem Arbeiten vor dem Bildschirm und übermäßigem Fernsehen. Auch unerkannte oder vernachlässigte Sehfehler können die Ursache sein.

Augenauflage für müde Augen

Eine Auflage tut ermüdeten Augen gut, wirkt überdies entzündungshemmend und lindert außerdem allergische Beschwerden.

▶ Je 1 Teelöffel Augentrost, Kamillenblüten und Fenchelfrüchte mit 1/2 Liter Wasser kurz aufkochen. 2 bis 3 Minuten ziehen lassen.

▶ Ein gefaltetes Baumwolltuch tränken und warm auflegen. Variante: 1 Teelöffel Augentrostkraut und 1 Prise Kochsalz mit 1 Tasse Wasser kurz aufkochen und heiß abseihen. Wie oben anwenden.

Bei müden und schmerzenden Augen tut es gut, Rosenhydrolat auf Wattebäusche zu träufeln, die dann auf die geschlossenen Augenlider gelegt werden.

Leinsamenauflage gegen Gerstenkorn

Damit wird das Gerstenkorn schneller reif und heilt ab.

▶ 2 Esslöffel Leinsamenschrot auf 1/4 Liter kochend heißes Wasser geben, 2 bis 3 Minuten quellen lassen. Den heißen Brei in ein Taschentuch, einen Fingerling oder einen Waschlappen füllen, etwas ausdrücken und auf die Augen legen. Bei Bedarf ein Papiertaschentuch unterlegen. Dauer der Anwendung: 2- bis 3-mal am Tag je 20 Minuten.

Sportverletzungen

Bei sportlichen Betätigungen sind Verletzungen ziemlich häufig. Prellungen, Verstauchungen, Zerrungen, Entzündungen – fast immer sind Kälteanwendungen als erste Hilfe am besten. Erst wenn die akute Verletzungsphase vorbei ist, sind Wärmeanwendungen angesagt. Im Profi- und Hochleistungssport wird zur Unterdrückung von Schmerzen und Schwellungen mit Kältesprays vereist. Für den Hausgebrauch ist ein kaltes Kirsch-

Das Beste gegen Nasenbluten

- Ein eiskaltes Kirschstein-Handsäckchen wechselweise von beiden Seiten auf die Nase pressen, so dass die Nasenflügel auf die Nasenwand gedrückt werden.
- Auf der anderen Seite jeweils mit dem Daumen dagegenhalten. Den Kopf dabei gerade halten.

steinsäckchen aus dem Eisfach das Richtige. Dazu kommen Auflagen mit diversen Essenzen und Ölen.

Schrammen und Abschürfungen

Warme Auflage mit Johanniskrautöl

▶ Ein leicht angewärmtes Baumwolltuch mit Johanniskrautöl beträufeln und auf die wunde Stelle legen, mit einem zweiten Tuch abdecken. Mehrere Stunden einwirken lassen.

Ringelblumenauflage

▶ In 1/2 Liter abgekochtes und wieder abgekühltes Wasser 1 Esslöffel Ringelblumentinktur geben.
▶ Ein zusammengelegtes Baumwolltuch darin tränken und auf die wunde Stelle legen. Die Auflage nicht abdecken, sondern im Abstand von 1/4 Stunde immer wieder mit der verdünnten Essenz befeuchten.

Bei Muskelzerrungen den betroffenen Körperteil hochlagern und ruhig stellen, kalte Arnikaauflagen anwenden.

Prellungen, Verstauchungen, Verrenkungen

Arnikaauflage

▶ Arnikatinktur aus der Apotheke 1:10 mit kaltem Wasser verdünnen.
▶ Ein Baumwolltuch damit tränken, auflegen, ein trockenes Tuch darüber und ein eiskaltes Kirsch-

steinsäckchen darauf packen. Bei Erwärmung gegebenenfalls noch einmal erneuern.

- Anschließend mit Johanniskrautöl einreiben.

Tonerdeauflage

- Eine Mischung aus je 1/3 70-prozentigem Weingeist, Wasser und 1- bis 3-prozentiger essigsaurer Tonerde herstellen.
- Auflage tränken, trockenes Tuch darüber legen, eiskaltes Kirschsteinsäckchen darauf packen. Bei Erwärmung die Auflage erneuern.

Bei Sehnenscheidenentzündungen muss der betroffene Körperteil konsequent so lange geschont werden, bis die Beschwerden abgeklungen sind – das kann allerdings lange dauern.

Kaltes Kirschkernsäckchen für das Knie

Bei Kniebeschwerden, die mit einer Schwellung einhergehen, ist Kühlung angebracht.

- Kirschsteinsäckchen aus dem Eisfach holen und auflegen. Aber Vorsicht: Das Knie vergisst nie! Deshalb im Zweifel immer zum Arzt (Orthopäden) gehen, vor allem bei unklaren und länger anhaltenden Beschwerden.

Weitere Verletzungen

- **Quetschungen:** Kohlauflagen (siehe Seite 57) und Anwendungen von Arnikatinktur (siehe oben).
- **Sehnenscheidenentzündung:** Eiskalte Kirschsteinsäckchen auf die akute Entzündung packen. Später muss durch Wärme die Durchblutung wieder angeregt werden. Dazu legen Sie ein heißes Kirschsteinsäckchen auf die betroffene Stelle. Zusätzlich helfen Arnikaauflagen (siehe Seite 125), Lehmauflagen (siehe Seite 92) und Quarkauflagen (siehe Seite 55).
- **Tennisellenbogen und Tennisarm:** Hier handelt es sich um eine Entzündung infolge Überanstrengung und falscher Belastung. Die erste Hilfe ist die Gleiche wie bei der Sehnenscheidenentzündung.

Über den Autor

Hans Wagner hat Landwirtschaft studiert und ist heute Journalist. Seit 20 Jahren beschäftigt er sich mit der Wiederentdeckung von traditionellem medizinischem Wissen und bewährten Hausmitteln. Er ist Autor zahlreicher Ratgeber und Beiträge in Zeitschriften und Fachblättern mit den Schwerpunkten alternative Medizin und Ernährung.

Literatur

Frohn, Birgit: Die besten Rezepte der Volksheilkunde. Ludwig Verlag. München 1998
Meidinger, Werner: Natürliche Wege der Entgiftung. Südwest Verlag. München 1997
Spurzem, Wolfgang: Fußreflexzonenmassage. Südwest Verlag. München 1998
Thüler, Maya: Wohltuende Wickel. Maya Thüler Verlag. 7. Auflage, Worb 1995
Wagner, Hans: Wein – Heilkraft der Natur. Ludwig Verlag. München 1998

Leser- und Bestellservice

Galerie fit & gesund – Der Gesundheitsladen. Mittelweg 19, 20148 Hamburg, Tel. und Fax (040) 410 65 19

Hinweis

Das vorliegende Buch ist sorgfältig erarbeitet worden. Dennoch erfolgen alle Angaben ohne Gewähr. Weder Autor noch Verlag können für eventuelle Nachteile oder Schäden, die aus den im Buch gemachten praktischen Hinweisen resultieren, eine Haftung übernehmen.

Bildnachweis

Botanik-Bildarchiv Laux, Biberach a. d. Riß: 20, 26, 38, 113, 116, 121; Südwest Verlag, München: Titel, 1, 4, 101 (Christian Kargl), 8, 71, 84 (Karl Newedel), 14, 17, 32, 89, 109 (Michael Nagy), 29 (N.N.), 49 (Hans Seidenabel), 60 (Bodo Schieren), 91 (Kristiane Vey/Jump); Tony Stone, München: 12 (James Darrel)

Impressum

4. Auflage 2000

Redaktion:
Roman Ritter
Projektleitung:
Dr. Alex Klubertanz
Redaktionsleitung und medizinische Fachberatung:
Dr. med. Christiane Lentz
Bildredaktion:
Beate Wagner
Produktion:
M. Metzger (Leitung), A. Aatz, Dr. E. Weigele-Ismael
Umschlag:
Heinz Kraxenberger, München
Layout:
Wolfgang Lehner
DTP:
Matthias Liesendahl

Printed in Italy
Gedruckt auf chlor- und säurearmem Papier

ISBN 3-517-08042-x